這樣說話讓你喜歡自己，也受人歡迎

なぜか感じがいい人のかわいい言い方

山崎拓巳——著　林佳翰——譯

【推薦】

說話的方式反映了心情，但也要顧及別人的感受

GAS口語魅力培訓®創辦人／廣播主持人／
銘傳大學傳播學院助理教授　王介安

我們說出的任何一句話，看似是跟別人溝通，但其實每一句話，都是你心裡的一種反映投射，所以我常常這麼說：「**說話的方式，呈現出你自己的生命態度。**」

曾經有學生跟我討論：「有人說我太自我，覺得我很自私。可是我並不這麼認為。」說話的方式，呈現了別人對你的觀感。個性自我的人，會比較在意自己在意的事，不太在意別人在意的事。因此會讓人覺得「自私」，而真正懂得關心別人的人，才不會讓人覺得自私！不僅在意自己在意的事，也會在意別人在意的事。

「可是有些事情我就是不在意呀！」如果這件事，你根本不在意，這就牽涉到，你是否在意你和他之間的關係？

「我在意我和他之間的關係啊！我不在意的是事情啊！他講的那一件事，我覺得一點都不重要啊！」他會選擇跟你分享，就表示他認為這是重要的一件事。所以應該這麼說，**我們不是在意他在意的那件事，而是在意他的感受。因為你和他有關係，也希望讓這種關係好，所以你才會「做出在意」他說的那件事。**

「做出來在意別人的感覺？那不是就是演出來的嗎？」是的。當然是演。

前面的對話，我不知道你是不是同意？人與人之間互動的好感度，真的是刻意做出來的。現在，請你讀一下這兩個句子：

「不能參加這個活動，真的很抱歉！」

「雖然沒辦法參加這個活動，不過很高興你邀請了我！」

當我們在拒絕別人邀約的時候，你覺得這兩句話的感覺如何呢？沒錯，一句話有很多的說法，**一旦用了比較好的說法，會讓別人比較容易接受，也比較能創造好感**。第一句話，只是一種拒絕的語法，而第二句話，當中除了拒絕，還有感謝。

這麼多年來，有很多談話著作誕生，山﨑拓巳的著作，我一直很喜歡。他不斷地談到正向的表達方式，這也是這本書的精髓，除了**每個例子都讓人印象深刻，可以實際應用之外，也讓人重新思考說話的力量**。他的著作看似很簡單入手，也很「方法論」，事實上背後卻有深層的心靈力量。書中提到許多簡單而實用的例子，如何拒絕？如何道歉？如何關懷？如何建議？如何提醒？……這所有的一切，都在我們的生活與工作當中不斷發生，是吧？一旦你願意做出來讓人喜歡的感覺，就能夠產出不同的說法，你的影響力就會變得更大。你討人喜歡嗎？如果你懂得立刻喜歡別人；如果你願意對別人的好意給出很大的回應；如果你沒見到對方，也會期待對方能夠成功。一旦這樣的心境植入你的血液當中，不僅會讓人喜歡你，而這樣的你，是自信的，也會讓你喜歡你自己。

關於王介安：

廣播人、行銷人、口語培訓師。曾六次入圍金鐘獎，並獲「最佳流行音樂節目主持人獎」。二〇一五年金鐘獎五十週年，名列「金鐘50・響」特別展的「廣播名人牆」。

擔任許多大型企業高階經理人，除文化創意相關工作，也從事口語溝通的教育訓練，被稱為「溝通教主」。開設《提升邏輯思維》《面子裡子都不輸》等線上課程，新課程《向上管理技巧》即將開課。著有《不見面的說話練習》（大田出版）等書。

Prologue

前言

說話方式對所有事都會造成影響，
說話方式和感情與行動息息相關，
說話方式會直接影響到自己的成果與業績。

說話方式顯現出心理狀態，
說話方式顯現出個人面對世界的態度，
說話方式就是你的世界觀。
有些說話方式是自己喜歡這麼說就說了，
有些說話方式是因為自己開心就說了，
有些說話方式能讓別人認同而聚集到你身邊。

有些說話方式即使沒有廣傳出去，
也刺傷了某些人。
說話方式有很多種，

「我無法接受那個價值觀」也是一種說話方式，
「也有那種可能呢」也是一種說話方式。

能察覺自己的「喜好」、
讓自己的心開心、
讓自己身體放鬆的也是說話方式。

現在能不能相信眼前這件事，
而踏進忘我的世界？
現在能不能相信眼前這個人，
而飛奔入對方的世界？

單靠我們的說話方式，
就能隨時開啟「嶄新的現狀」。

社會完全是靠溝通形成的，

端看一句話是「喜歡」的人還是「討厭」的人說出來的，
而不是看說出來的事情是「正確的」還是「不正確的」。

比起自己單獨默默努力的人，
能讓大家覺得「想跟他說話」「想幫他」「想放他一馬」的人，
反而會讓事情進行得比較順利。

那麼，到底要採取什麼樣的溝通方式，
才能成為「大家都喜歡」的人呢？

我身為一個實現夢想的教練，
身為一個溝通專家，
身為一個傑出的商業人士，

至今和數十萬人有過交集。

然後我在這當中察覺到一件溝通上最重要的事，
就是比起「設法說得頭頭是道」，
「設法說出自己的感覺」還更重要。

例如請想想這種情境，
A客戶和B客戶都為你盡心盡力，
你對他們傳達了「謝謝」這份感謝之意後，
A客戶和B客戶分別給了你以下的回覆：

A客戶說：「我只是做了我該做的事。」
B客戶說：「因為我想要得到你的稱讚。」

將兩者的說話方式做比較，你覺得怎麼樣呢？

A客戶的說話方式就是所謂的「成熟大人的說話方式」。

以一個社會人士而言，這種回答方式絕對沒有錯，也不會給人留下不好的印象吧。

另一方面，B客戶的說話方式若以社會人士的標準來看的話，有點不適當嗎？或許也有人覺得這聽起來很像小孩子的回答方式。

為什麼呢？因為B客戶的說話方式是表現出「一次情緒」，另一方面，A客戶的說話方式隱藏了這份情緒。

「一次情緒」就是遇到事情時首先冒出來的感情，也就是「無惡意的內心想法」。

假設父親和女兒間有這樣的對話：

父親對晚歸的女兒怒吼：「妳這混帳，妳以為現在幾點了！」這是「二次情緒」作祟，這麼一來，女兒也頂回去：「我也有很多事啊！」這也是「二次情緒」在作祟。

不過，我想父親的「一次情緒」想必是**「我很擔心妳，還好妳平安回來了，因為一想**

到妳會不會發生了什麼事，我就很難受」。

如果他能如實將這「一次情緒」表達出來的話，女兒應該也會回說「對不起，我知道你應該很擔心，可是手機沒電了，沒辦法打電話」這種「一次情緒」。

同樣的情形在日常生活中的諸多場景都看得到。

「我將貴公司的利益列為第一考量」「我這麼說是為了你好」「因為有太多事了，沒辦法去，抱歉」這些說法老實說也不是假的，可是總覺得不是那麼真心，這些都是隱藏了「一次情緒」的話，也就是一般而言大家所說的「場面話」。

我認為人只要一成熟，七成以上的對話都是由這種場面話構成的，不過不需要太悲觀，正因為現在大家都講場面話，如果能在這氛圍裡鼓起勇氣表達出「一次情緒」的話，反而會變成是個和對方突然拉近距離的好機會。

只要將自己感受到的事直接講出來就好。

可能大多數的人都覺得「如果能這樣，我就不用煩惱了……」。

因此，這本書將大家認為在溝通上很難對應的「打招呼」「委託」「拒絕」「回覆」「提案」「提醒」「道歉」「關懷」這八大場景上，舉九十九個實例來說明「讓人相處起來舒服的人」所選用的語句。

每句話都是只要一說出口，就能讓對方一瞬間變成「直率的自己」，全都是魔法般的語句。只照著唸也沒問題，可能有很多人一剛開始會羞於說出口，而不自覺地說出以前習慣說的話吧。

不過不管什麼語句，只要使用一段時間，終究會變成自己的東西。

然後自此之後認識你的人，都會認為使用那些語句的你是真正的你。

如此一來，人際關係會起三種變化。

第一，你會有更多的機會。很棒的工作、很棒的體驗、很棒的介紹機會等各種事情會從意想不到的地方像雪片般飛來，此外，也會有貴人出現來幫助自己完成想做的事。

第二，資訊會匯集過來。

因為不斷有新的資訊進來，自己總是處於有很多「想做的事」的狀態。

第三，能增加自我肯定感。

別人喜歡自己，自然地自己也會喜歡自己，和別人講話會變得更開心，也會鼓起勇氣和以前不敢說話的對象說話。

每個小語句累積起來，在自己不知道的地方，會有越來越多人覺得「就麻煩那個人看看」「因為是那個人的請求，我就幫他吧」「我就只告訴那個人吧」。

能變成這樣，不是很讓人雀躍嗎？

「被厲害的人喜愛的人，會變成下一個很厲害的人」。

這是個不管在歷史上的哪個時代都能應證的法則。

除了被主管喜愛，也被部下喜愛，被所有認識的人喜愛，連自己不認識的人也都喜愛自己。

學習「討人喜歡的說話方式」，變成「討人喜愛的自己」吧。

山﨑拓巳

Contents

Chapter 2

請求／委託

Chapter 3

拒絕／辭退

Chapter 4

回覆／回應

Chapter 5

提案／提議

Chapter 6

指導／提醒

Chapter 7

反省／道歉

Chapter 8

關懷／考量對方心情

Chapter 1

打招呼／社交用語

溝通的起點就是從雙方說出社交用語（打招呼）的那刻開始，

此時瞬間就會出現「想和他再次見面」的人，

到底這些人習慣說出什麼樣的「社交用語」呢？

CASE
1

想在短時間內和對方縮短距離

成熟大人的說話方式

很高興見到你。

討人喜歡的說話方式

我好想早點認識你。

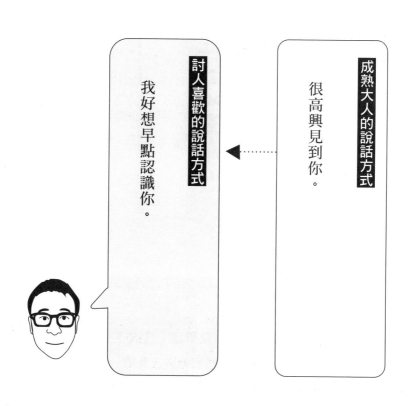

想和初次見面的人聊得愉快的話，有三個守則，即「笑容」「尊重」及「超喜歡！」。猜拳時慢出對自己有利，可是人際關係上，先出手比較有利，**你先對對方釋出好感，必然地對方也較容易對你敞開心扉**。

跟對方說出「你最棒了~」「你很有趣呢」「我好想早點認識你」「我超喜歡你的」吧，如果因為太緊張而說不出話來，只要露齒做出「一」的嘴型，讓眼睛看起來在笑，也能向對方傳遞出好感。

還有另一件重要的事是要**聽對方說話，表現出對對方有興趣，也對對方有興趣的事物感到有興趣**，這樣就能連結成強烈的信任關係（密切關係）。「附和」就是「愛之聲」，當對方滔滔不絕說起他自己的事時，就不時在他說話的空檔加入些「哦哦~！」「原來如此！」「是這樣啊。」「太令人驚訝了。」「這我第一次聽到。」「那好有趣喔。」等附和，讓對方不斷深入聊他自己的話題，只要養成這樣的習慣，就能不斷看清社會的結構。

此外，也可以大大稱讚不在現場的人，**因為聽說大腦不會注意「主詞」是誰，所以對方也會覺得好像是自己被稱讚了**，談話時能將笑意傳染到周遭的你想必能收服對方的心吧。

CASE
2
跟緊張的對方自我介紹時

成熟大人的說話方式

我是做〇〇相關的工作。

討人喜歡的說話方式

我的工作是〇〇，
那你是做什麼工作的呢？

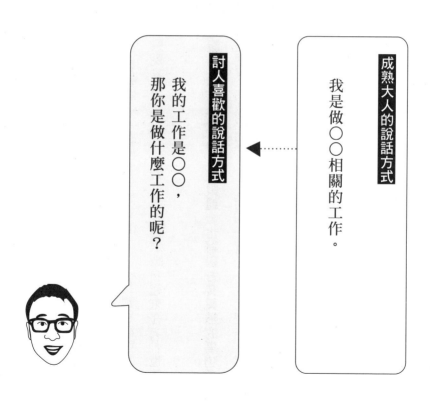

和人第一次見面時，你會怎麼介紹自己呢？

自我介紹是起因於希望大家認識自己而做的事。

但是很可惜地，幾乎所有人都只對自己的事有興趣，不會聽對方說。

因此我推薦的**做法是「將自己想傳達的事用問句講出來」**。

例如想要講自己的職業或是想賣的商品時，就說：「我的工作是〇〇，那你是做什麼工作的呢？」

「你是負責什麼產品的？我呢，是負責〇〇的。」大概像這樣，假裝把焦點放在對方的資訊上，**再悄悄地將自己的資訊放進去**。

如此一來，**對方會感覺一直在聊自己的事**，不過事後回想起來，會留下「話說回來，那個人的職業是〇〇呢」這樣的印象。

這就像是潛在意識效果，能讓對方認知到和你有關的資訊。

CASE
3

想誇讚對方的改變時

成熟大人的說話方式

那個髮型很可愛吔。

討人喜歡的說話方式

你剪頭髮了啊。

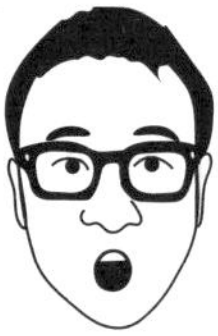

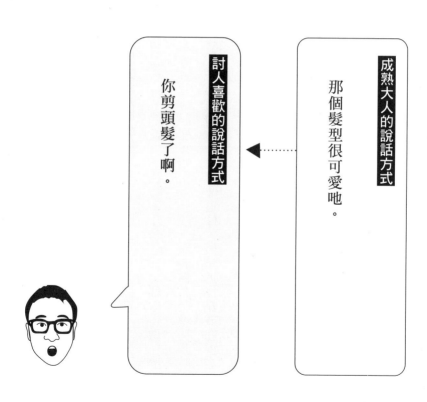

我以前住在法國時，某次在街頭有人叫住我說：「那件衣服是哪個廠牌的衣服？在哪裡買的呢？」那一整天我都很高興，現在每次穿那件衣服時都會想起這個往事而滿心歡喜，不過仔細想想，那個人只是問我問題，並沒有評論那件衣服好不好看，不過就是這樣才讓人覺得舒服，在和同事或朋友間的溝通上，這個方法也很有效。

重要的是「只傳達事實」。

「你剪頭髮了！」說了這句話，通常對方會很高興地說：「哇，謝謝你有發現，我昨天剪的呢。」其實並沒有說出很適合對方或者是很可愛，只是傳達事實而已。

「你都很早來公司呢。」「你幫我整理了啊。」「你幫我聯絡對方三次了啊。」這些句子也一樣，不管哪句都沒有做出評論，只是傳達事實而已，對方心情就會很好。

心理學家阿德勒說：**「人只要一被誇讚，就會希望能得到更多的誇讚，而失去自立心，變得依賴別人。」**因此在培育人才時，不要「高姿態做出評論或褒獎」，而是「從旁給予鼓勵」比較有效。

CASE

4

想隨興聯絡逐漸疏遠的人

成熟大人的說話方式

真的好久不見了。

討人喜歡的說話方式

你一切都好嗎？

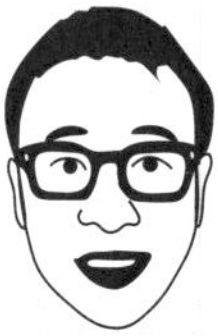

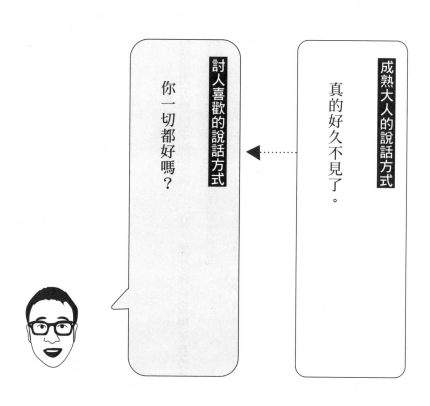

想和關係疏遠的人再度聯繫，或是想和關係變好了的人持續維持好關係。

這樣的心願現在靠社群網站很容易就能做到，「你好嗎？」「欸，你怎麼突然聯絡我？」「之前我和別人聊天時，剛好談到你，所以我就在想不知道你現在在做什麼。」這樣的對話也很自然。

只不過如果想更自然地和對方聯繫，我也會這樣做。

我只要一認識新的人，就會**在通訊錄上簡單記下那個人的工作、出生地、家族成員等資訊**（例如：山田太郎／出生地愛知縣／現住京都／手球／美食）。

因此，假設我看到了一則「〇〇縣發生了大地震」這樣的新聞，便在通訊錄上搜尋「〇〇縣」跳出一些人後，我就會發「地震還好嗎？」的訊息給這些人，於是就會收到「我這裡沒問題，謝謝你特地來關心」「好久沒有你的消息，收到你的訊息我很高興」這樣的回覆。**不只是災害，美食、活動、運動或興趣都行**，只要是和某些人有關的資訊，我就會傳訊息給這些人，然後收到這些人的回覆，我就很高興，這樣可以讓對方感受到「你有在關心我」的心情。

CASE

5

想繼續和對方保持聯繫時

成熟大人的說話方式

今後也請多多指教。

討人喜歡的說話方式

可以告訴我你推薦的東西嗎？

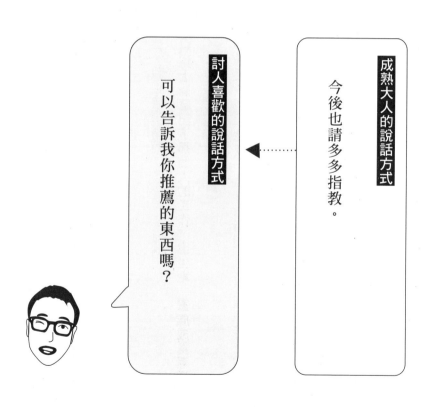

「早上出門後，把看到的第一個垃圾撿起來，即使看到兩個，只撿一個也沒關係，還有**跟碰到的第一個人打招呼，無論認不認識他**」，聽說習慣這麼做的話，不知怎地就能帶來好運。

所有的溝通都是從打招呼開始，在那之後，也希望能有某些契機讓自己跟那個人的關係更好，可是卻找不到任何機會，**此時能用的手法就是「麻煩對方幫忙」**，這乍看之下好像沒什麼了不起，不過能確實收到效果。

好不容易和對方見面並說了「以後請多多指教」，卻遲遲找不到任何機會，因此可以「小小借個人情」，請對方幫忙些不會對他造成困擾的事，比如說**「請你把剛才提到的那個網站傳給我」「請借我手機充電器」「請告訴我你推薦的店、電影、商品」**，若對方乾脆地答應了的話，下次就是你回報他的時候了。跟他說：「上次真的謝謝你的推薦，我去了那間店了！」並帶個小禮物給他，就這樣開始往來。

CASE
6

當問題、閒聊無法繼續下去時

成熟大人的說話方式

你是哪個部門的呢？

討人喜歡的說話方式

你負責什麼樣的業務呢？

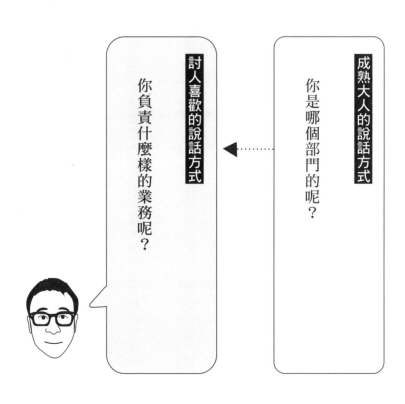

明明問了很多問題，對話卻沒辦法展開下去。

若有這種情況出現的話，請注意你問問題的方式。

問題有分「答句會被限制住的封閉式問題」和「能自由回答的開放式問題」。

例如「聽說你上個工作是業務？」這就是個封閉式問題，「聽說你上個工作是業務，請問有遇過什麼事嗎？」這就是開放式問題。**想讓話題持續下去，要先以開放式問題開場，然後在對話持續下去時，再換成容易回答的封閉式問題**。

之後，只要問些像是幫對方整理思緒般的問題就好，就像現場查案般，被害人是在這裡倒下的嗎？兇器有掉在這裡嗎？有留下血跡嗎？大概像這樣一點一點確認就好了。

我們腦中的思緒都是散亂的，如果靠別人一點一點幫忙釐清的話，就會**一點一點清晰明朗起來**。如此一來會想要講出更多事情，這段時間對對方而言，就是個絕妙的對話時光。

CASE

7

在餐會上打了招呼後就聊不下去時

成熟大人的說話方式

久仰大名。

討人喜歡的說話方式

見到你，我內心好激動！

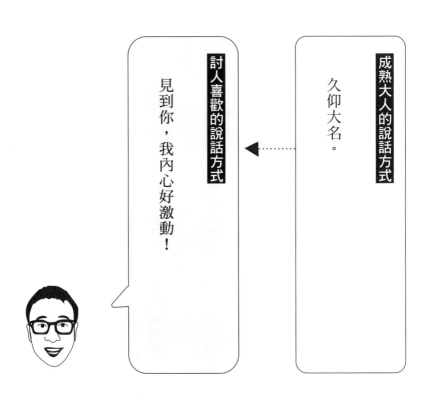

似乎有不少人表示「我在餐會上很不自在」。

雖說可自由走動，待在哪裡都沒關係，算是可以逃避，不過如果一直逃避的話，又為了什麼來參加這個餐會呢？

人會追求「安心的事」「有信心的事」「知道做法的事」，可是如果淨追求這種安逸心態，就無法跳脫現狀。在「無法安心」「沒信心」「不知道該怎麼做」之下才能夠成長，人一旦離開自己的舒適圈，任誰都會緊張。

餐會是可以讓心情開心的場所，同時也是能讓你成長的場所，積極和別人交談，獲取新資訊，開拓新人脈吧。

既可以和很久沒見面的朋友重新打好關係，也可以介紹別人互相認識。

也主動向那些看起來高高在上的人攀談吧，只不過第一次見面時的對話要注意不要踩雷，剛開始只要說：「沒想到我人生裡會有這瞬間出現！見到你我內心非常激動，我感到很幸福！」**只要表達出這單純的心情就好**。

CASE

8

自我介紹時

成熟大人的說話方式

我做〇〇的工作。

討人喜歡的說話方式

公司讓我負責〇〇的工作。

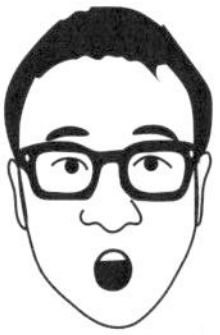

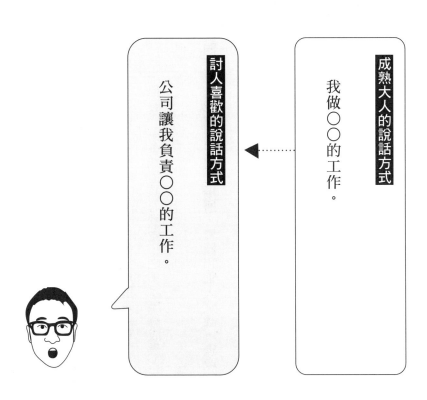

我認為**和人溝通時，只要用「自己想像中的七成力氣」就好了**。說話速度也是七成，聲音大小也是七成，資訊量也是七成，而且自我介紹也講七成就可以了。

因為比起想讓自己看起來很厲害，帶點謙虛、稍微低調一點，更能散發出厲害感。舉個小小例子，在被問到工作內容時，和說「我在攝影」的人比起來，說出「工作上讓我能發揮攝影能力」的人，更讓人覺得是個大人物。同樣地，「我在當模特兒」和「我接模特兒的工作」也是這樣，「我常上電視」和「我接電視台的工作」也是如此。

關於自己的工作能說「讓我有做這個工作機會」的人，會給人這個人立於高位的印象。只這樣說就會讓人揣測「這個人到底是何等人物」，讓人覺得「這個人很認真面對工作」，而信任他，因為這樣會留下讓人想像**「他說不定是個很厲害的人」**的空間。

CASE

9

初次見面聊天時

成熟大人的說話方式

我有○○的事蹟。

討人喜歡的說話方式

可以聊一些（你的）事情嗎？

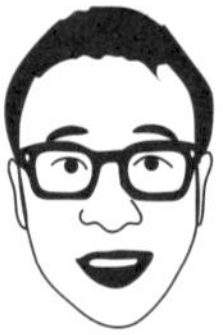

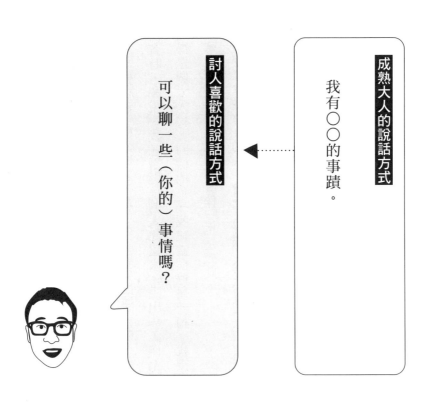

每個人都想要受到注目，想受到尊敬，想被認可能獨當一面。和人第一次見面時，不禁因為有這樣的心情，而**想表現自己**，可是有個由喬治梅森大學的心理學家 Todd B. Kashdan 進行的實驗結果。

主試者和受試者進行五分鐘對話，談話時不把焦點放在雙方的共通點上，而是放在相異處上，主試者**用謙虛的態度聆聽**，結束對話後，受試者對主試者的印象很好，認為他「充滿信心」「充滿活力」。或許是半桶水響叮噹、越飽滿的稻穗頭彎得越低，**那些受到注目、受到尊敬、獨當一面的人，越不會說自己的事，而是以對方為重**。

「1.不怎麼說自己的事。2.不怕跟對方低頭。3.發生不幸的事時不牽拖他人。4.通常都把自己的事往後擺。5.基本上很會忍耐。6.實際上自尊心很強。7.不求回報。8.有時甚至謙虛過頭至頑固。9.自覺人生有點吃虧。」（取自於〈謙虛的人共通的九個特徵〉，RIN／TABI LABO）

CASE

10

想融入年輕人的交談時

成熟大人的說話方式

你好年輕喔！

討人喜歡的說話方式

和你同年紀的名人有誰？

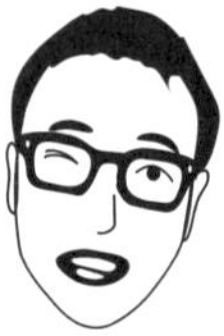

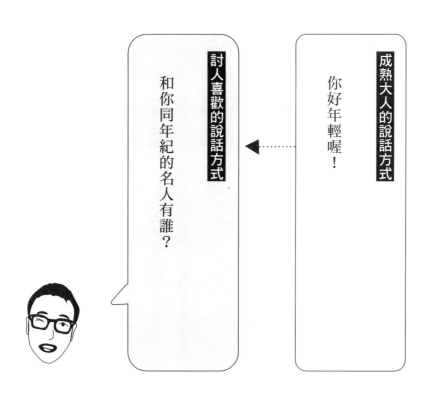

不要再對比自己年紀小的人說：「你幾歲？欸？好年輕喔！」相信你以前應該也有被這麼說過而不知怎麼回答的經驗吧，聽到別人這麼說不但不會感到高興，還只會在雙方間築起一道「年紀的高牆」而已。

以下是想和年輕人拉近距離時可用的有效提問。

那就是「和你同年紀的名人有誰」，對方講出幾個自己也知道的知名演員、運動選手、藝術家、偶像的名字後，就在最後以一句「那真是個眾星雲集的一年啊」做結尾就好了。只要這麼說，對方就會覺得很開心，自我肯定感也會提高吧，相反地如果出現了自己不認識的人，就請對方多說一下那個人的事蹟，也可以多了解對方那個年代的事情。

然後，如果對方問我：「年紀大了之後會變怎樣？」我就會說：「以前我很害怕過三十歲，結果三十歲後意外地發現也沒什麼改變。四十歲過後就要忙照顧父母親的事、還有孩子的升學問題（父母親七十幾歲，孩子十歲左右），五十歲後，會開始倒數生命，開始想要好好珍惜每一天，雖然至今也過得很開心，不過**也很期待未來人生路上能看到什麼風景。」**

CASE

11

想和長輩交談融洽時

成熟大人的說話方式

您是哪一年出生的呢？

討人喜歡的說話方式

在您國小和國高中時，流行什麼呢？

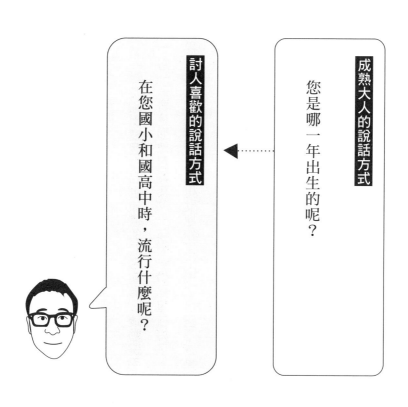

和年長者順利溝通的方法就是丟這個問題給他們回答：**「在您國小和國高中時，流行什麼呢？」**

流行的電影、音樂、時尚是什麼呢？您在哪個城鎮走跳呢？畢業旅行去哪裡呢？因為這些問題是能將對方帶回那個時代的「時光機」，當對方仰頭望天說著「這個嘛」時，就會湧現出許多璀璨的回憶資訊。現在網路上很容易就能搜尋到影片，所以只要聽到「電影的話，《2001太空漫遊》讓我看了很震撼」時，就可以馬上回答：「我今天晚上就去找來看！」即使他不斷再說出「那麼《碧海藍天》也不錯喔」「希望你也看看《銀翼殺手》」「《巴黎野玫瑰》也很好看喔」這些資訊，**也可以當場就用智慧型手機搜尋後跟他確認「是這一部電影嗎？」**。音樂方面的話，當對方說出「那時沉迷於難民營樂隊（Fugees）的歌呢」「《Maxwell's Urban Hang Suite》這張專輯現在聽也還不退流行喔」「莎黛是我的青春啊～」時，也可以**用智慧型手機播放音樂確認「是這一首嗎？」**。

希望你也能蒐集這些在學校課堂裡聽不到的「懷舊年代的資訊」，體驗點連成線的快感。

CASE
12

想和初次一起工作的人合作順利時

成熟大人的說話方式

要不要去喝一杯呢？

討人喜歡的說話方式

有一間「讓人吃驚的店」，要不要去呢？

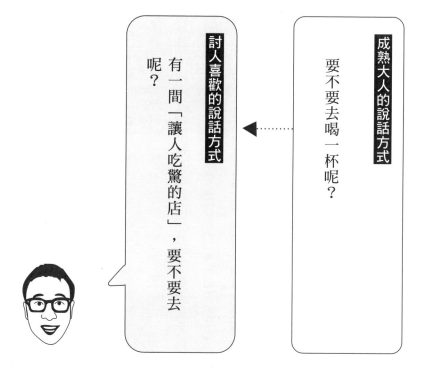

足球、棒球、籃球等國際比賽是派「徵選出來的隊伍」參賽，可是有「冰上象棋」之稱的冰壺是由「優勝的隊伍」參賽。

據說是因為比起徵召優秀的選手，**由「總是一起練習的夥伴」參戰的話，戰力較強**，這也可以應用在工作的分組上，決定工作品質的並**不是單一個人的工作能力，而是一起工作的人之間的信任關係**。

聽說日本 Google 在甄選員工時，最後會進行一場稱為「機場考試」的考試，是針對「有沒有辦法和這個人在機場單獨度過一晚」自問自答，最後只錄取公司判斷能一起度過一晚的人，這顯示出公司很重視夥伴意識。

在工作前想和夥伴培養信任關係，為此邀請對方去喝一杯也是個好方法，不過我更推薦的方法是**和對方一起體驗特殊的經驗**，例如好吃得不得了的店、以前不敢進去的未知的店，或是一起去爬山，「好有趣」「好驚人」「跟別人講，他們也不懂」，隨著湧現這些感想，會一口氣拉近兩個人的心理距離，也能建立起信任感。

CASE
13

想跟尊敬的前輩請益時

成熟大人的說話方式

我遇到困難了，請幫我。

討人喜歡的說話方式

前輩您的話，會怎麼判斷這樣的狀況呢？

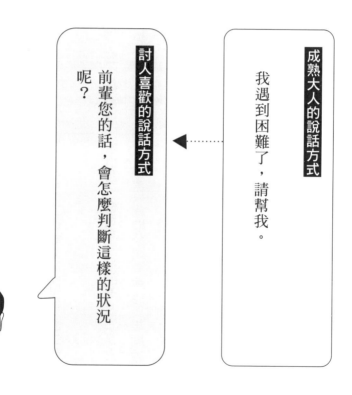

在找人商量時，有時回過頭來才發現自己只是單純列出擔心的事而已，「〇〇進行得很不順利」「某某人說我的壞話」，即使一直抱怨這些事也沒什麼意義。

商量的事情裡隱含著「沉重的執念」時，聽的那方也會接收到負面情緒，讓心情變沉重，此外，有些人只是為了要強調「我很努力」才來商量事情，但在尊敬的大前輩眼裡，你這麼做只會讓他認為你無法處理超過你能力範圍的問題而已，我不推薦這種做法。在請尊敬的人提點時，**就要將你認真煩惱的問題，「加工成沒那麼沉重」後再傳達給前輩**。

因此先說上一句「前輩您的話，會怎麼判斷呢？」然後當作一個個案研究，像是解謎般將想商量的事講出來，前輩給了些意見後，絕對不能用沉重的語氣回應，或是什麼聲音都不出，一定要**開朗明快地給些回應**：「原來如此！」「真的是這樣呢！」「這麼說來，應該是〇〇吧？」**這樣就能獲得寶貴的意見**，最後要用開朗的口氣道謝：「今天找您商量真的太好了！讓我心情頓時輕鬆了不少。」如此一來，前輩也會愉悅說出：「有什麼問題都可以找我商量。」下次就可以再找他商量事情了。

CASE 14

想和店員打好關係時

成熟大人的說話方式

店員，請幫我收盤子，好嗎？

討人喜歡的說話方式

○○先生／小姐，能請你幫忙收盤子嗎？話說你是哪裡人？

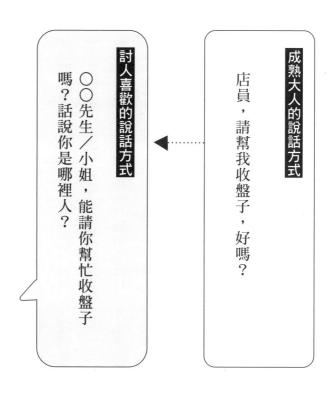

要怎麼樣才能和店員打好關係呢？

一剛開始認識時是雙方分別**貼上「客人」「店員」的標籤**，這隱藏著上對下的關係，所以要先打破這層關係。

首先看著店員的名牌，叫他名字吧。

於是在那瞬間，「店員」就變成「〇〇先生／小姐」這樣的單獨個體，接下來就對這個個體說話吧。

大概這麼做，「讓我確認一下您點的菜，兩份奶油培根義大利麵和兩杯咖啡，這樣沒錯吧？」「對，沒錯，話說你是哪裡人？」「嗯，山梨。」「甲府嗎？」「對，是甲府。」只要有了這樣的對話，接下來他的接待態度就會比較友善，之後他來加水時，「你在這家店工作很久了嗎？」「上個月開始的。」「是喔，之前也是在餐飲業工作嗎？」「對，因為我高中就開始打工，我喜歡餐飲業。」「啊，是這樣啊。」有這樣的對話後，他的態度會更加友善。

其他也可試試和司機、旅館工作人員、加油站的員工等進行這種**「和他個人說話」的模式**。

CASE

15

發現喜愛的店時

成熟大人的說話方式

我吃飽了。

討人喜歡的說話方式

真的很好吃！

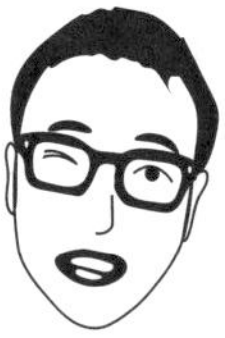

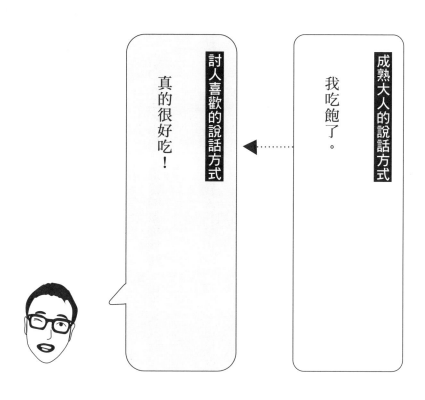

「真的很好吃。」「我可以在部落格上介紹嗎？」「我聽說這家店很好吃，真的好吃吔。」「之後我會帶朋友來！」我認為**走出店門前，多加一句話真的非常重要**。

我常因這麼一句話而和店裡的人變得很熟，下次造訪時，他會特別跟我打招呼，或是端出特別的菜色說：「如果您不介意，要不要吃吃這個呢？」也有可能會答應我說「我會設法給您位子」而優先排我的位子。

此時，如果有朋友在旁，朋友就會很興奮地說：「你是常客吔。」或是：「真不愧是你。」這也讓我覺得很得意。

還有，和店長熟識後，也可以在店休日或是客人比較少的時段，**包場開個讀書會之類的**。

就像這樣，能開心造訪的店會一間一間變多。

發現喜愛的店後，**也可以列出「這家店的十個優點」**，跟店家說，他們會很高興，而且也能磨練你自己的審美觀。

CASE

16

在客戶那裡被說「現在沒空」時

成熟大人的說話方式

只要一下子就好，請你撥一點時間給我。

討人喜歡的說話方式

我知道了，那我下次再來！

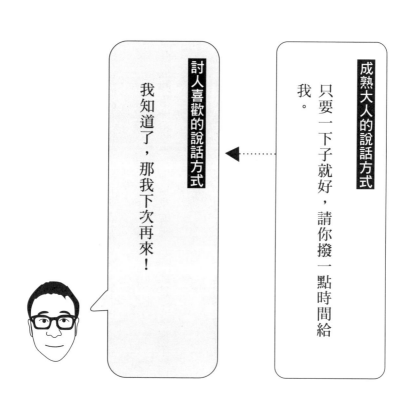

想要催促某個人做決定，想要賣東西給某個人，只要有這種私心，就會顯露出有點強迫的感覺，你是不是也有這樣的經驗呢？

在人際關係上，切忌急躁，把人逼得太緊的話，那個人就會逃離，在業務上或派對上都一樣，**如果強迫對方留下的話，有可能之後對方就不願意再跟自己見面了**。

當對方說出「現在有點脫不了身」「你可以下次再來嗎？」這些拒絕的話時，**就用讓對方措手不及的速度乾脆地說：「我知道了，那我下次再來。」之後馬上離開**。

要拉近人際關係的距離，靠的不是說話時間的長短，而是見面的次數。

因此在對方對自己有興趣前，就多見幾次面吧，例如「因為我剛好來到這附近」「因為我剛好看到你」，如果這樣還是被拒絕的話，就瀟灑地說句「我之後再來」後離開。

對方看過幾次你的臉後，**你在他心中的存在感也會提高吧**，之後有緣的話，就會有熟識的契機，相信這個道理，慢慢地建立關係吧。

Chapter

2

請求／委託

在商業領域上，職位越高的人越「擅於拜託別人做事」。

和「如何發揮自己的能力」比起來，

「如何借助別人的能力」更重要，

那麼要怎麼做才能讓對方心甘情願地幫忙呢？

CASE

17

呼籲大家配合時

成熟大人的說話方式

請你配合。

討人喜歡的說話方式

請借我你的力量。

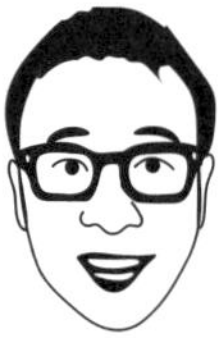

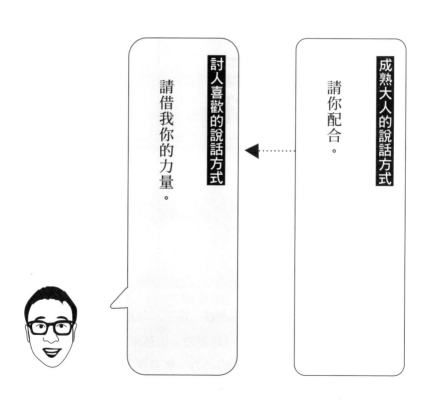

想要將團隊團結在一起，做出出色的成果。

可是一直呼籲「可以幫我做嗎？」「可以配合一下嗎？」「請你配合。」好像也無法把大家團結在一起，總感受不到大家的幹勁，此時，要怎麼對大家喊話呢？

我推薦的魔法語句是「我想借助你的力量」。

對方在聽到這句話的瞬間，不只會覺得「自己是被需要的」，而且**立場還會從「因別人的想法而行動」轉換成「自己思考後行動的」**，這是個衍生出「既然這樣的話就幫忙吧」這想法的契機。

當然，即使對每個人都講這句話，也有可能還是沒出現願意幫忙的人。

將這種情況用一句比較不中聽的話來說，就是「這是種沒有人對你報恩的狀態」。

最重要的是平常就要建立起「在你有需要時，我會回報你」的關係。

隨時付出，隨時愛人。

CASE
18

想請大家加快腳步完成工作時

成熟大人的說話方式

可以請你馬上幫我處理嗎？

討人喜歡的說話方式

這真的是件強人所難的事，我深感抱歉。

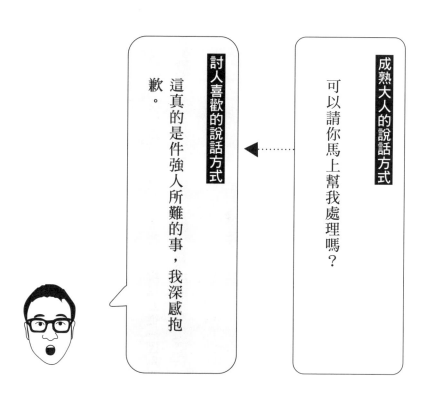

會造成對方極大的負擔，想要拜託對方做某些事時，因為不知道要怎麼拜託才好，就一直往後拖延，可是終究是要告知對方，既然這樣，怎麼表達比較好呢？

如果先把很艱難的委託內容講出來，對方想必會嚇到吧。

因此，我會按照以下順序傳達：首先先**道歉**：「我真的覺得非常抱歉。」當對方催促講重點：「趕快告訴我，這樣很可怕。」時，就以「老實說是因為……」為起頭，開始**說明理由，最後才進入正題**：「我想借助你的力量，總之就是想要拜託你做○○這件事。」

大家通常採取的順序是：「A希望你能做○○（正題）」，「B為什麼希望你做（理由）」，「C抱歉（道歉）」，也就是按照A↓B↓C的順序講，我只是把它改成**「C抱歉（道歉）」，「B為什麼希望你做（理由）」，「A希望你能做○○（正題）」這樣C↓B↓A的順序**而已。

如此對方「對你要講出來的事有心理準備」，且透過你的說明也知道這件事很重要，他接下這件事的可能性就會提高了。

CASE

19

想委託別人做超過常理的工作時

成熟大人的說話方式

請你務必幫忙。

討人喜歡的說話方式

這真的是我個人的任性請求。

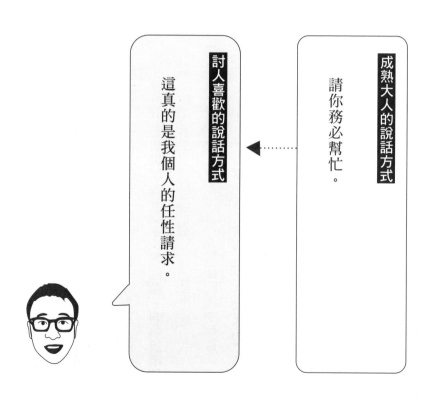

要完成大事業的話，必須「全贏」，就是對雙方而言都有好處，**對大家都有好處，對有關係的人、對整個社會、對整個世界、對環境都有利**。

可是有時對對方而言雖然也不是沒有好處，只是如果跟對方明白說出「對你而言也有好處啊」的話，就會讓人覺得「好像有哪裡不對勁」。

對方會回答「也不是那麼有興趣」，如果對方裝傻說「沒做那麼多不行嗎」的話，又該怎麼辦？可是說不定還是有些微機會，所以還是想請對方聽聽自己的提案，此時**試著說「這真的是我個人的任性請求」**如何？

大概這麼說就好：「現在我要提議的案子只不過是我個人的任性請求，如果你覺得『那沒得談吧』，就請忘掉今天的事，完全沒關係。」

如果以工作常理來看的話，**這種商量本身是錯誤的，因此擺出我明白這個道理，可是還是想請你聽聽看的態度**，此外，也要表現出我並沒有要強迫你接受的態度。

CASE

20

拜託對方做事，他卻不願意做時

成熟大人的說話方式

請你趕快做。

討人喜歡的說話方式

要從哪一項開始著手呢？

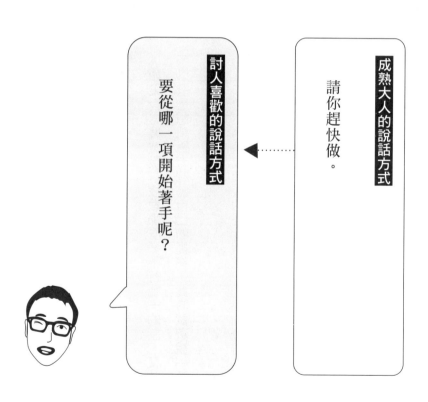

訂下了「這個月要完成」的目標，此時，比起下定決心「這個月一定要完成！」，懷疑「這個月能完成嗎？」的人，更能讓自己動起來（大腦的特性是被丟了個問題，就會擅自開始思考），更進一步而言，「只看一張資料？」「只回三封信？」「稿子只寫一行？」像這樣**將一件事切成一個個小步驟，心理壓力就不會那麼大**（這稱作「嬰兒步伐」）。

即使催促小孩「去洗澡」，他也不動，此時給他兩個選項，「要先刷牙嗎？還是先洗澡？」小孩就容易選擇其中一項並開始行動，就像這樣，並不是給「要做？還是不做？」這種大選項，**而是以要做為前提，給「要做哪個？」這種小選項，人就會自然地選了其中一個動起來**。仲介的業務也是，他們會把「買房子」這個重大決定擺一邊，敲邊鼓地說：「要先討論貸款方案嗎？還是先去看房子呢？」兩者都是買房子時必經的步驟，不過讓人覺得**只要選擇其中一個做，會比較容易採取行動，而降低心理抗拒**。

CASE

21

自己當召集人，可是大家都不參加時

成熟大人的說話方式

因為對方平日很照顧我們，就參加吧。

討人喜歡的說話方式

不好意思，你可以助我一臂之力嗎？

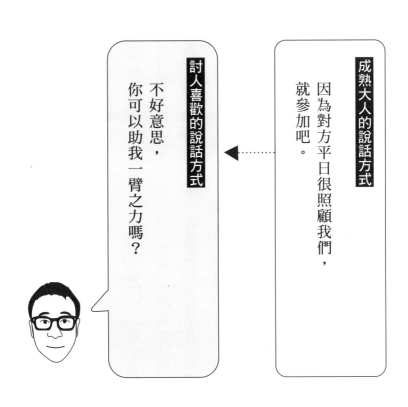

自己當了小組召集人，需要找人參加活動。離活動當天已剩沒幾天，但卻幾乎沒有人報名，再這樣下去，主辦者會顏面無光。一方面著急不知道該怎麼辦，心裡某處也同時感到憤怒。

在覺得擔任召集人是個**很有成就感的工作的同時，另一方面又衍生出**「為什麼只有我非得這麼辛苦不可」**這種被害者意識。**

所以就不自覺地跟周遭的人抱怨：「受命成為召集人，真的造成我很大的困擾。」或是義正嚴辭地說：「因為他們很照顧我們，他們的慶祝會我們當然要參加啊。」或是強迫對方去幫忙拉人：「你去叫大家參加啦。」但是**一旦這麼做，肯定會被討厭被疏遠**，很吃力不討好。

在召集不到人時，對某一個人喊話就好，不需要對大家喊話，而且要這麼說：「不好意思，你可以助我一臂之力嗎？」

「我希望最終能召集到人，可是只靠我一個人的力量辦不到，所以需要借助你的力量。」只要當面跟對方這麼說，一定有人願意出面幫忙，在對每個人都這麼說後，某個瞬間就會突然湧現報名潮。

CASE
22

有些事想問
又不好直接問時

成熟大人的說話方式

說到價錢，大概會是多少呢？

討人喜歡的說話方式

可以將能談具體內容的人介紹給我嗎？

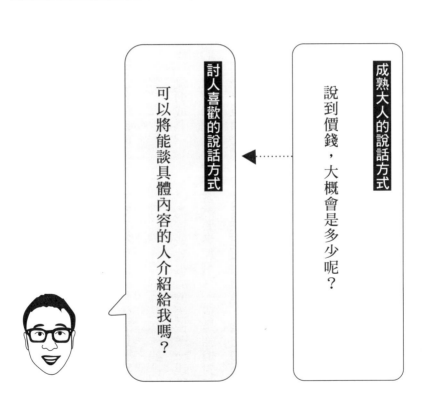

在交涉事情時，有時會出現一些和錢與條件有關的事，而這些事又很難跟眼前這個人啟齒，如果和他的關係還不錯的話，或許可以問他：「直接說啦，多少錢你們願意做？」或是問：「可以再便宜一點嗎？」不過有時狀況比較敏感，不方便這麼問。

很難直接問出口的話，與其直接問本人，不如表現出「讓別人介入協助事情進行的態勢」會比較保險，**例如拜託他：「能否請你介紹能夠談具體條件的人給我認識？」**如此一來，對方也有可能會說：「不不，跟我談就可以了。」不過只要有先說過那句話，應該就能避免氣氛突然變尷尬。

我二十幾歲時，常遇到一些人只因為我年輕就提出些刁難我的條件，此時，我一定會跟對方說：「我請我們職員跟您聯絡。」之後就由我的職員代替我跟對方說：「山﨑先生現在接工作的條件是這樣。」

面對面時，用謙虛的態度和對方拉近距離談，不過，**將自己想堅持的事透過第三者婉轉地傳達**，可以讓雙方維持舒適的精神距離。

CASE
23

想和知名人士約碰面時

成熟大人的說話方式

請撥個時間給我。

討人喜歡的說話方式

請接受我的採訪。

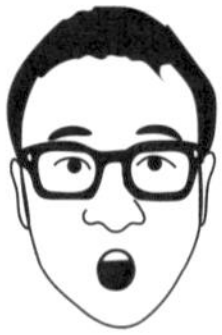

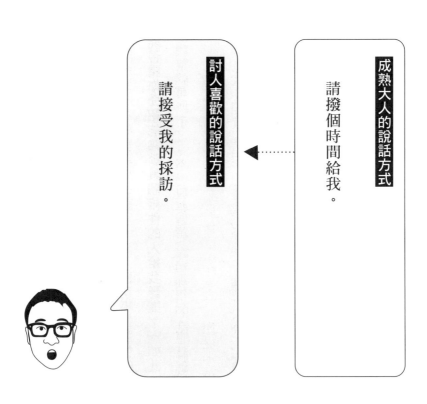

有位比自己地位高的知名人士，而自己想跟他聯繫。

可是，對對方而言，他和自己見面並沒有任何好處。

這種時候，即使直接說「我想跟您見面。」「請撥個時間給我。」「請您聽我說明。」可能也無法預約到他的時間，若即便是這樣還是想要和他認識的話，有個妙招，**就是「跟他約採訪的時間」（這似乎也稱作「採訪銷售模式」）**。

「如果是採訪的話」，對方就比較願意和自己見面，要是運氣好約到了的話，就列個「採訪問題集」，可列出以下這樣的問題：「您學生時期熱中於什麼事呢？」「您從那當中得到了什麼經驗呢？」「您成功的祕訣是什麼呢？」「請您告訴我人際關係的最高境界是什麼？」只要手邊有份採訪問題集，即使現場氣氛有些緊張，也能定下心好好說話。

之後將採訪到的內容整理成一篇報導，再麻煩他確認內容，最後發布到社群網站、部落格、YouTube上。

這樣整個採訪才算結束，如此一來你就認識了一個平常沒機會認識的人物了。

CASE
24

想和知名人士的關係更穩固時

成熟大人的說話方式

請再撥個時間給我。

討人喜歡的說話方式

我跟〇〇先生／小姐提到你時，他表示非常有興趣。

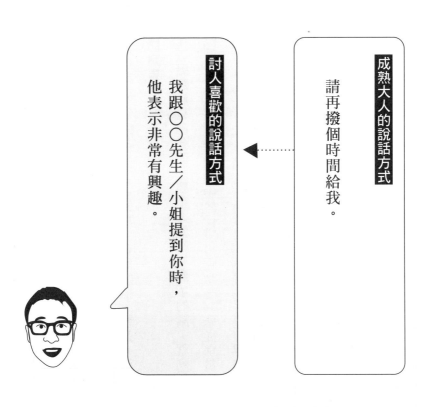

人會在無意識間揣測對方的程度。

然後社經地位高的人會討厭社經地位低的人厚臉皮地接近自己，想要和社經地位高的人對等談話，只能先提高自己的地位，但這條道路很漫長，不過有個方法能將這條路一口氣縮短，就是剛才介紹的「採訪銷售模式」。

可是，這個「採訪銷售模式」只不過是和對方牽上關係而已。真正困難的是要怎麼維持這個關係，到底要怎麼做才能讓對方認為「這個人是不可或缺的」？

在此我提個好主意，**就是將利用採訪銷售模式認識的「知名人士」介紹給另一位「知名人士」認識**，例如：

「我跟B總經理談到總經理A你的話題，他表示非常有興趣，如果你不介意的話，我介紹你們認識吧？」

只要是「居中牽線介紹總經理們認識」，能和對方再次見面的可能性就提高了，而且因為是總經理對總經理的對話，氣氛很容易就熱絡起來，如此一來，你就成為兩個人間的**節點（牽線者）**，對雙方而言都是重要的人。

CASE

25

想拜託別人做雜事時

成熟大人的說話方式

我想請你做這個工作。

討人喜歡的說話方式

有件事想請○○你幫忙呢。

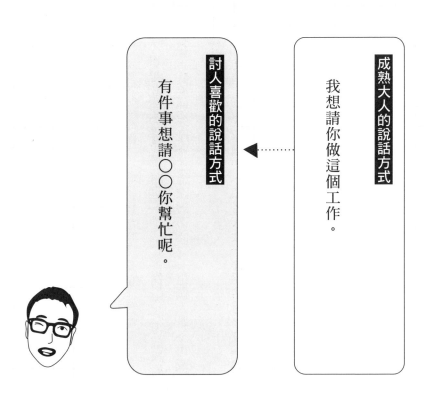

假設有不擅長的工作、一個人無法完成的工作等需要某個人支援才能完成的工作，而且不是重點工作，讓人很傷腦筋，此時會希望有人鼓起**「自告奮勇的精神」**，成為自己的夥伴。

遇到這種狀況，要怎麼跟別人提，才能讓周圍的人心甘情願地接下這個工作呢？

「那個……有事情想麻煩你。」我不建議這種詭異的開場白，因為這種說話方式讓對方在聽內容之前，就先感受到陰暗和沉重，而讓對方有所戒備。

希望你能使用的是這句**「有件事想請〇〇你幫忙呢」**。

這是句讓對方充滿正能量的魔法句子。

突然聽到這句話，對方會不自覺地想到**「欸？是我做得到的事嗎？」「如果是我做得到的事，完全沒問題喔。」**而對你敞開心房。

當對方問「要做什麼事呢？」時，請不要說「有很多事啊……」這種曖昧不清的話，這樣會讓對方再度關閉心房。

事前要做好準備，此時立刻準確簡短地說出：「我想請你幫忙在〇〇之前完成△△這件事。」

CASE

26

把重要工作讓給別人做時

成熟大人的說話方式

能交給你做，我就放心了。

討人喜歡的說話方式

我真的很想自己做的。

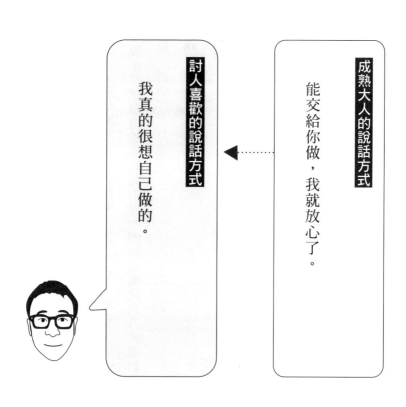

在所有企劃、專案、負責的範圍裡，如果有讓人覺得「不想讓給別人做」「想繼續負責」「只有我能勝任」的工作，是最幸福不過的事了。

可是有時在立場上需要將這些工作讓給別人做，這真的是很讓人捶心肝的事呢，這時若說出「我很高興交給你做」也很假，那麼此時，要跟接下來負責的人說什麼呢？

這個時候要用嫁女兒的心情**如實說出：「說實在的，我不想讓出這個工作呢。」「說真的，這個工作我很想自己做。」**

在這樣的基礎上再說明為什麼「自己」想負責這個工作。

接下來也要說明之所以想將這個工作交給「你」做的理由。

「自己想做」和「想交給你做」，這兩種心情是矛盾的。

最後再表達出掙扎的結果，還是「想交給你做」這心情勝出了。

傳達了這樣的小插曲後，被委託的人就能在這個工作上與你有共同的心意想法了。

Chapter 3

拒絕／辭退

不想讓對方失望，但又不想說謊，

為什麼「拒絕」總是令人煞費苦心？

有沒有什麼是既不傷害對方，

又能對未來有益的聰明拒絕法呢？大家一起想想吧。

CASE
27

拒絕身邊的人的邀約時

成熟大人的說話方式

因為這樣的理由，所以我無法去。

討人喜歡的說話方式

無法去真的很可惜。

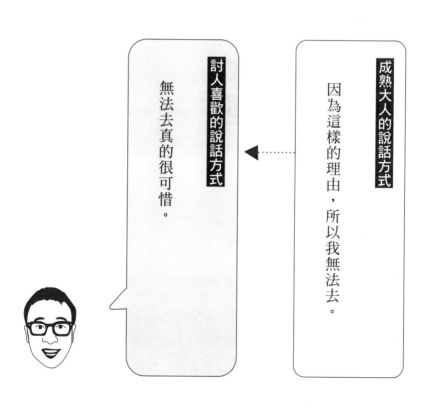

有時是因為忙到沒有時間，有時是提不起勁。

可是有人邀請自己去參加派對、活動、吃飯時，我都盡可能參加。

因為我認為既然被邀請了，就表示或許**那裡隱藏著對自己有利的「緣分」或「旨意」**，如果在猶豫要不要去，那就應該去。

即便如此，有時還是會因為一些因素導致再怎麼樣都無法參加，此時，要怎麼拒絕才不會讓對方感到不愉快呢？

這當中有人會**努力說明「無法去的理由」**，我想這是因為他覺得無法參加真的對對方過意不去，不過這只會造成反效果，因為這只是強調出「對我而言，比起你的事情，我自己的事情比較重要」這種感覺。

和這比起來，需要努力傳達的應該是「無法去的遺憾心情」，我很想去但無法去真的很可惜、真的很懊惱、為什麼偏偏兩件事撞在同一天呢、下次一定要再找我，就像這樣，如果在拒絕時傳達出遺憾的心情後，反而能讓彼此的關係更加溫就再好不過了。

CASE
28

拒絕剛認識的人的邀約時

成熟大人的說話方式

無法參加真的很抱歉。

討人喜歡的說話方式

雖然沒辦法參加，不過我很高興你邀請了我。

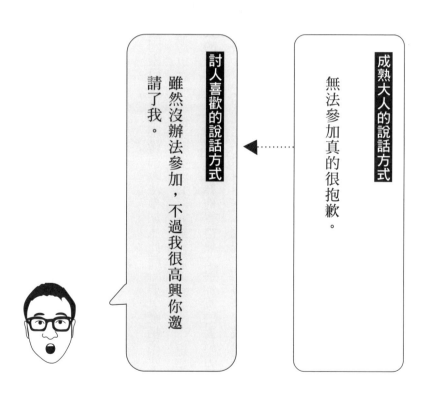

認識了某個人，他邀請我參加某個活動。

我覺得很感激，可是當天真的沒辦法參加，此時除了傳達「很遺憾」的心情之外，還要**再傳達出「我很高興你邀請了我」的心情**。

我當然有時也會被拒絕。

只是因為大家都很忙，所以即使被拒絕我也不會特別在意，不過以前有個人特地做了這麼一件事讓我很感動，**當我到達派對會場時，工作人員交給我一瓶葡萄酒**，我問：「這是什麼？」他說：「剛才有位男士來，說『請把這個交給山﨑先生』。」

那瓶葡萄酒旁附著一封信。

「您邀請我參加派對，我很高興，但行程無法配合，僅以葡萄酒致意。」

這種心意讓我非常感動，之後，我也會在無法參加時，**送上葡萄酒或花束以表感謝之意**。

CASE
29

拒絕曾經答應的事時

成熟大人的說話方式

評估結果還是無法接下來。

討人喜歡的說話方式

因為如果繼續由我負責，會給你添麻煩。

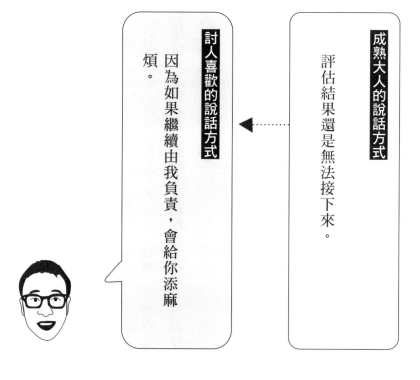

有些工作雖然先接下來，可是之後仔細思考後，發現時間、精力、能力無法勝任，事後才後悔覺得還是應該要拒絕。

要拒絕的話就早點說比較好，可是，一想到這樣變成辜負對方的期待，就一直說不出口，想不到「好理由」，遲遲無法鼓起勇氣聯絡對方，結果只是讓時間一點一點流逝而已。

這個時候，比起說明你自己無法接的緣由，要**先坦率傳達出「我很想接下來，可是繼續由我做的話，會給你添麻煩」的心情**，這樣對方比較容易接受，這樣是表達出我現在沒有信心能將這個工作做到讓你慶幸「交給你做就對了」，且暗中透露出這樣對雙方而言都沒好處。

如果還有能力的話，就積極跟他說若有其他自己能做的事都願意做，或著是**幫忙尋找適合的人**。

只要這樣有誠意地表達出自己的意思，即使暫時會讓他覺得失望，也不會失去「下次有別的機會時請他給工作的機會」，能把傷害降到最低。

CASE

30

接到的委託超過自己能負荷的範圍時

成熟大人的說話方式

我會試著做做看。

討人喜歡的說話方式

我可以做到〇〇的程度。

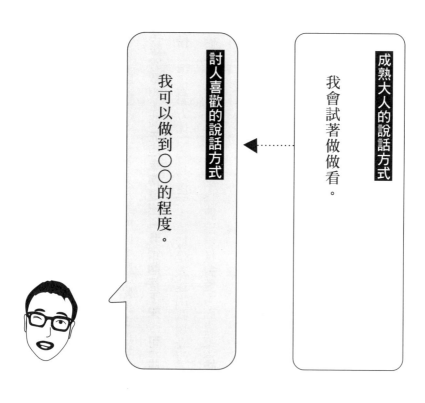

來了一個顯然超過自己能力的工作。

可是克服了就能成長到另一個層次！只要如此正面思考，就會輕易答應「我試著做做看」吧。

可是也有些工作會在自己答應後，卻開了天窗，只要每開一次天窗，就會失去一點信用，因此，**必須要清楚告知對方在什麼樣的範圍裡，自己能夠不勉強地完成，告知「能完成的範圍」，才能讓對方放心**。

告訴對方某個程度以內自己能夠完成，可是超過這個程度的話，就有點難了，所以**「能不能一起想想有沒有好的解決方法」**，也要讓對方看到自己這積極的態度。

不擅長的工作的話，可以提出：「我可以把這個工作交給擅長的那個人做嗎？」如果是外人也做得到的話，也可建議：「可以外包嗎？」

一個工作就是一次航海，**退一步看到的就是同一艘船的船員**，只要一開始互推責任的話，不久後這艘船就會沉沒了，為了匯聚夥伴間的信任，要隨時告訴自己發言時要考量到整體的利益。

CASE
31

對方要求越來越多時

成熟大人的說話方式

再多我就沒辦法做了。

討人喜歡的說話方式

再多就要收費喔（笑）。

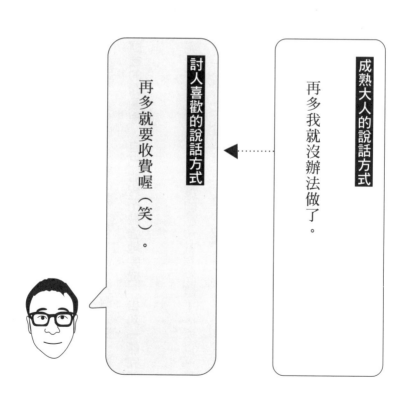

偶然一次被要求幫忙，一剛開始樂意幫忙，也完成工作了。

可是，答應過一次後，對方就不停要求「那個也做、這個也麻煩你」，面對這樣的人，要怎麼應付比較好呢？

以前大家常用的方法是刻意擺臉色給對方看，暗示對方「你這樣也要求太多了吧？」。或是也會毫不客氣地說：「喂，這樣工作就太多了啊！」

可是現在越來越多人控訴「職場霸凌」「道德霸凌」，**擺臉色從「有威嚴」變成「罪過」**，因此那麼做只會被批評為「這個人無法管控自己的情緒」而讓評價不斷下降。

自己很努力工作到現在，因此再怎麼樣都要避免讓自己的評價下降。

此時就只能靠幽默來化解危機了。

「到這個程度為止我能做，不過超過就要收費了喔。」

「今天服務已結束，請明天再來。」

可以這樣說**藉以引人噗哧一笑**。

CASE

32

拒絕對方的申請、應徵或報名時

成熟大人的說話方式

你不符合我們要求的條件。

討人喜歡的說話方式

時機點不對。

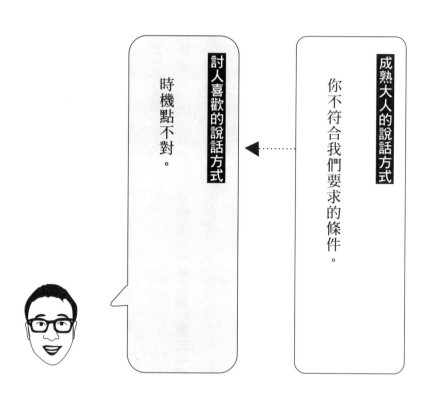

每個人都有可能立於必須拒絕別人的申請、應徵、報名的位置。此時會刻意**在開朗的氛圍之下和對方道別**，以避免對方沮喪吧。可是越是仔細解釋「拒絕的理由」，越變成是在否定對方，很難處理呢。

要怎麼做才好呢？我的話，**不會跟他說是程度問題或是和別人比起來怎麼樣，而是跟他說是「時機點不對」**。

在電影選角上，並不是說年輕就好、漂亮就好或是演技好就好，重要的是要符合導演心目中的理想形象。這次只是剛好**「時機點不對」，一定會有人需要你的能力**，所以希望你能再去應徵別的機會，我認為只要這麼告知，既不會傷到對方，也能成為對方努力的原動力。

某位總經理在工作順利時，問了和自己簽了約的負責人：「為什麼當初會選我？」一問之下，幾乎所有的負責人都說：「因為時機點剛好。」「因為和之前那位的合約到期，剛好您出現了。」這讓我體悟到因為大家都不會知道對方的時機點，所以持續和所有遇到的人保持聯絡是很重要的。

CASE
33

被委託一件不怎麼想做的事時

成熟大人的說話方式

不能不做嗎？

討人喜歡的說話方式

可以讓我考慮一下嗎？

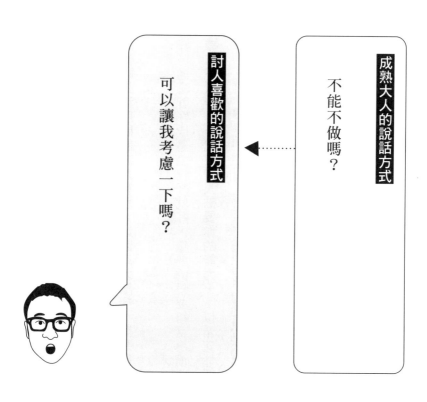

當別人給我們工作時本當感到高興，但有時卻在接到委託時感到不快。

這個時候**說不定是個檢視是什麼信念讓自己形成這種不快心情（支撐自己情感的想法）的好機會**，花點時間想想「自己想做什麼樣的工作內容？」之後再拒絕也不遲，因為信念是判斷的基準，運用在工作上就可能是「按照自己的步調工作」「工作是種創作」「工作就是拿多少錢做多少事」。

確認好自己的信念後，可以試著想想「如果捨棄這個信念會怎麼樣呢？」；相反地，也試著想想「如果不懷疑這個信念，**百分之百貫徹的話**會怎樣？」。

例如如果有「按照自己的步調工作」這個信念的話，就想想「如果打亂了自己的步調會怎樣？」，再想想相反的情況「如果百分之百堅守自己的步調又會怎樣？」，**從兩個方向去思考**，就能發現信念的漏洞，而能夠修正自己的信念系統。

CASE
34

被邀請參加不擅長的活動時

成熟大人的說話方式

因為我不喜歡，所以恕我不參加。

討人喜歡的說話方式

雖然我不擅長，不過我想試試看。

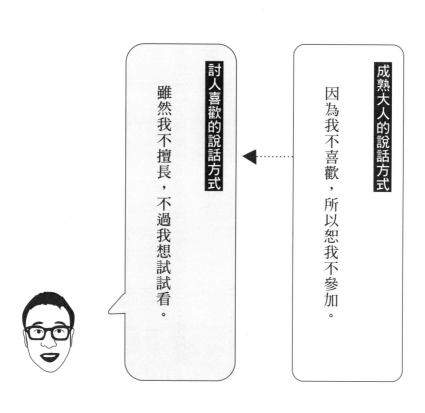

跳舞、唱歌、慢跑、高爾夫、遊戲……休閒娛樂有很多種，每個人都有擅長和不擅長的，當然我也不例外。

當你被邀請去參加不擅長的活動時，你會怎麼做？我的原則是**「全部都參加」**，我不斷挑戰「被邀請就不拒絕」（但是空中彈跳和空中跳傘除外），因為我認為不試就放棄的人生很可惜，即使是不擅長的事也是，我會先告訴對方「雖然那個我不擅長，不過我想試試看」「我可能會手腳不協調，這樣也可以參加嗎？」「我現在不喝酒，不過我會努力吃的」。**然後無論什麼活動都參一腳**。

周遭的人常常驚訝地問我：「為什麼您能做這麼多工作，同時又能參加那麼多活動呢？」答案很簡單，因為我決定如果試了之後不喜歡的話就馬上放棄，**我認為無法開始試的人也是無法放棄的人**。

在這社會上有很多對夫妻一剛開始是「討厭這個人」，卻一起走到結婚，現在覺得討厭的人、事、物，說不定以後會幫助你，無論面對什麼事，都不要打定主意「我一輩子都不會做」，試試其可能性。

CASE
35

在聚會途中不得不提早離開時

成熟大人的說話方式

抱歉，我先離席了。

討人喜歡的說話方式

我很高興你找我來。（邊看著對方邊往後退）

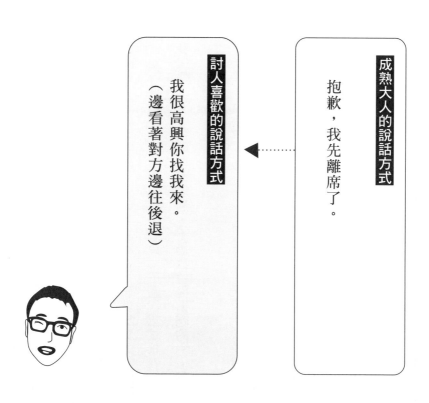

因為在這個聚餐或喝完酒後有別的行程，導致不得不中途離席。

這真的是個很尷尬的場景呢，常看到有人邊跟在座的人合掌道歉說：「抱歉，我先離開。」一邊結帳後偷偷摸摸地逃出店裡。

處理的大前提應該是要想到這是個大家都在興頭上的聚會，所以首先要考慮的點是「善始善終」，即**不要破壞當場的氣氛**。

更進一步說明，最好是能給大家留下爽快的印象，這樣大家下次才會再約自己。

跟主辦人說「這次很高興您約我來」後，跟這個場子的負責人打個招呼，或者是用眼神、點頭表示出中途離席的過意不去的心情，之後，就**用眼神注視著大家邊往後退，帶著笑容離開那個聚會**。

離開會場後，馬上傳「剛才的聚會很開心，謝謝大家，我還想跟大家見面，下次請一定要再找我」這樣內容的訊息給在座的各位，如果**再附上大家的合照**，更能在大家心裡留下深刻的印象。

CASE
36

無法決定要不要做時

成熟大人的說話方式

因為○○這麼說，
所以我會做（或放棄）。

討人喜歡的說話方式

因為我是這麼想的，
所以我要做（或放棄）。

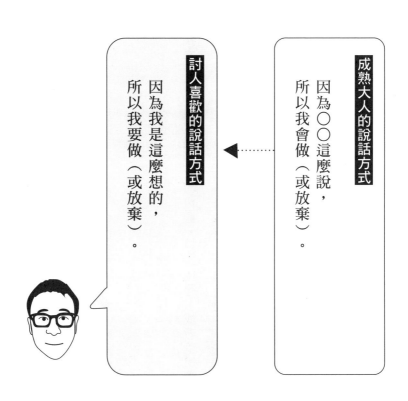

女兒說：「我想去大城市。」母親說：「我反對。」此時，女兒的課題就是「要不要去大城市」，而母親的課題則是「要不要阻止女兒去東京」，自己是自己，母親是母親，阿德勒心理學上建議每個人「課題分開想」，因為如果**干涉了對方的課題，容易變成「共同依賴」的關係**。

只要單純判斷要做或不做就好，如果只是「因為某個人反對，我就放棄」，看來也不是那麼想做。

可是，**如果是有心要做，但內心某處有股害怕的心情的話，就會將無法踏出那一步的理由歸咎於「因為某某人反對」**。

這時候，可以捫心自問「如果某某人贊成的話，我做得到嗎？」。不要總是將自己該做決定的事當作是別人的課題看待，**將之當作自己的課題來看的人才會取得其他人的信任**。

即使有來世，你的人生也僅止於這一世，沒有時間猶豫要不要做什麼事，因為做了之後的後悔應該會一天一天減少，終究化為美好的回憶。

當猶豫時，就毫不猶豫地GO。

Chapter 4

回覆／回應

人和人之間的對話是沒有彩排的，

瞬間如何回答、如何反應，都顯現出這個人的高度。

請先把能讓人覺得「這個人不錯」的反應方式輸入腦中，

需要用到時就能直接反應了。

CASE

37

別人拜託自己做件小事時

成熟大人的說話方式

了解。

討人喜歡的說話方式

當然。

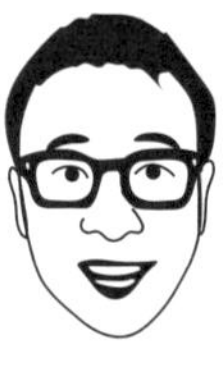

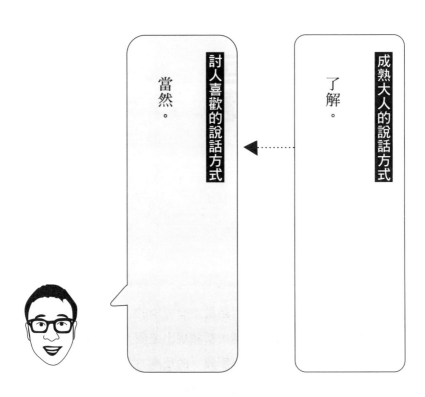

有些詞語雖然只是短短的，卻會讓人感到「真不錯呢」「好放鬆喔」「好體貼喔」。每當我遇到這麼棒的人，就會把他們那麼棒的詞語蒐集起來，其中之一是飛機上空服員的回應。

當我跟他說：「不好意思，可以給我一杯咖啡嗎？」**他回了這麼一句話：「當然沒問題。」那句「當然」讓我驚艷**，在我的人生中有用過「當然」這個詞嗎？這個詞聽起來如此悅耳、如此美妙。

「了解」「我知道了」「我明白了」，每個都一樣是「ＯＫ」的意思，不過傳到對方心裡的感受卻完全不一樣，我那時就決定之後當有人拜託我做事時，我也要回答「當然」！

另外，我還聽過一位紳士說：「可以給我小毛巾嗎？**有空時再拿來就好**。」這句話也讓我直起雞皮疙瘩，「有空時再拿來就好」這是多麼為對方著想的一句話啊，我也下定決心以後一定要用這句話。

CASE

38

突然被要求發表意見時

成熟大人的說話方式

有好幾個呢。

討人喜歡的說話方式

有三個。

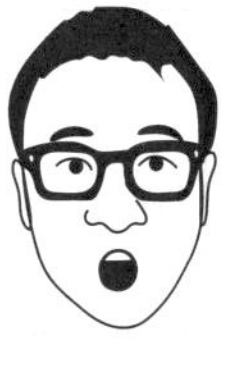

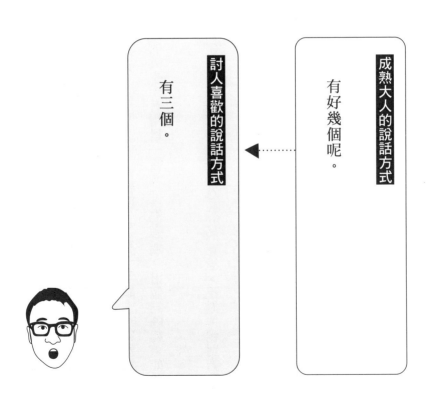

「請告訴我○○」，有時會像這樣突然被要求發表意見。

此時，有種回答方式是**善用「大腦會擅自將空白填滿」這個特性**。

首先，先這麼說：「有三個。」

並不是真的有三個才這麼說，例如有人問：「請告訴我減肥的祕訣。」就臨時先說句：「有三件重要的事。」「第一個是要均衡飲食，已經知道『這是不能吃的東西』，就不要去碰，然後第二個是……」像這樣邊說邊動腦，大腦一定會認真搜尋並給我們答案，「然後第二個是『適度運動』，但是不要特別開始做什麼，特別開始進行的活動不會持久，在現在的狀態下，有意圖地一點一點加些東西就好，這樣的感覺很重要。」邊這麼說邊想第三個。

就某個層面來說，**這是種重視自己直覺的做法，在驚訝於自己講得出這些內容的同時，也可以體認到自己在不知不覺中成長了**。

大腦真的很有趣呢，一被問問題就能馬上開始思考，「如何將明天安排成精采的一天？」如果被問了這樣一個問題，答案也隱隱約約要成形了吧。

CASE 39

提案被否定或駁回時

成熟大人的說話方式

不，不該是那樣的。

討人喜歡的說話方式

我學到很多。

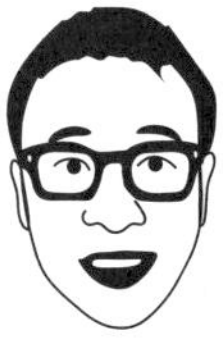

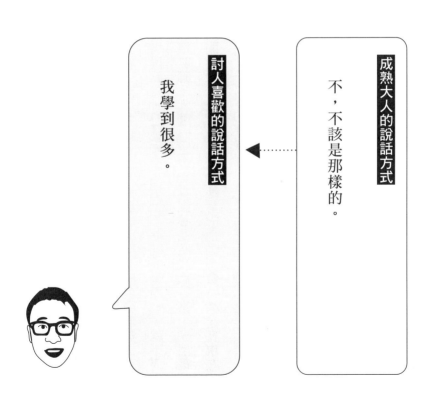

做簡報和銷售等所有商業行為上，都有可能被如此否定：「這裡不好呢」「這個部分差了一點呢」「因為〇〇的理由，所以ＮＧ」。

我們總容易認為別人的否定是負面的。

雖然如此，但如果當場**辯解**：「不，不是那樣的。」「不是啦，目前是〇〇這樣。」**也只會讓簡報越來越糟**。

所以我**在做簡報時，會謹記著「否定就是建議」**。

無論是什麼內容（即使對方的否定沒有講到重點），當被否定時，就做出些**正面積極的回應**，例如：原來如此！我學到了！我可以做一下筆記嗎？謝謝你！

然後將這當成固定的回話方式，否定你的對方本來抱著你會反駁的心情，所以當他這預期落空時，或許會有了「欸？這個人不錯喔」的印象，下次就會再給你機會。

CASE
40

對方不斷提醒自己時

成熟大人的說話方式

好，我知道了。

討人喜歡的說話方式

我複誦一次喔。

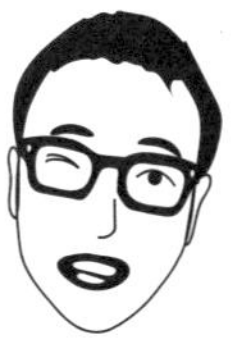

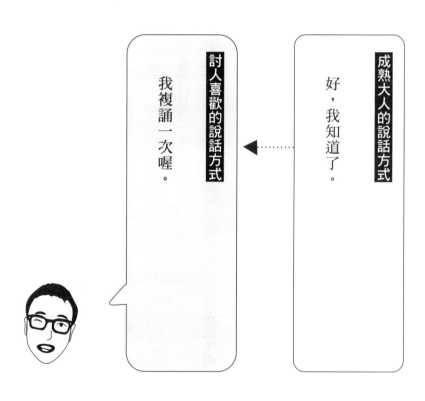

有人下了個指令，你同意並接受了。

可是之後對方不斷來確認「沒問題嗎？」「你懂我的意思嗎？」是因為我讓對方那麼不放心嗎？我那麼不值得信任嗎？我回答他的方式不夠明確嗎？還是因為對方太過操心？無論原因是什麼，對方無法放下心的確是個問題，此時**我建議的做法是「複誦」，聽完對方講的話之後，不是只說：「我知道了。」而是說：「請讓我確認一次。」**只要說：「我的認知是〇〇這樣，沒錯吧？」對方應該就滿意了吧。

我至今做了很多場演講（每年兩百場左右，做了三十年），聽眾的反應很多樣，有時候整個會場鴉雀無聲，此時一演講完就全身無力提不起勁，我還曾經跟主辦人說：「啊，無法引起大家的興趣，抱歉。」說完就匆匆忙忙離開會場了，不過隔天，主辦人跟我聯絡：「大家都說演講內容很精采，讓他們興奮到晚上睡不著。」我很驚訝，原來**「反應和理解不一定成正比」**。

CASE
41

對方誇讚自己時

成熟大人的說話方式

沒有啦，我沒那麼好啦。

討人喜歡的說話方式

沒有啦，你也是啊！

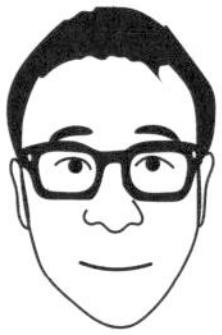

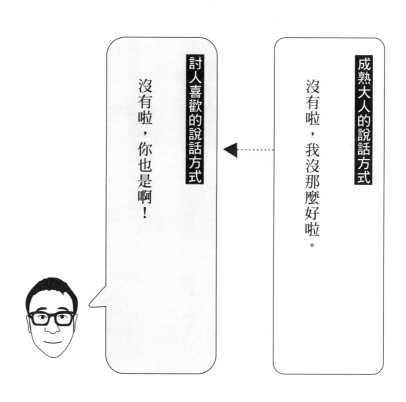

「想要獲得其他人的認同」「希望大家認為自己有存在的價值」。

無論是誰都有這種「被認同的慾望」，把和朋友一起烤肉的照片、和知名人士一起拍的照片、好吃的壽司店等照片上傳到社群網站，在在都是想把別人拉到後面，自己站到前面這種「被認同的慾望」的表現。

那麼，要怎麼做才能**從這競爭的世界當中脫穎而出呢？**

只要聽到「想被認同」的聲音，就認同那個人，而且要馬上認同，如此一來，有一部分的人也會給反饋「你也很棒呢」。請你讓自己身處於這樣的環境裡。

即使沒有反饋，就告訴自己「上帝有在看」或是「我自己認同自己」，這樣就能讓「被認同的慾望」得到滿足。

一段時間後因能夠和同伴**互相認同**，心裡那股「被認同的慾望」會獲得滿足，之後這顆心就會昇華為「自我表現的慾望」的境界，能夠悠然自在地表現自己的話，自我肯定感就會不斷獲得滿足，**自然地就變成「有存在的價值」**。

CASE
42

有人來跟自己說別人的壞話時

成熟大人的說話方式

嗯嗯，我知道。

討人喜歡的說話方式

大家都各有其想法及苦衷，不是嗎？

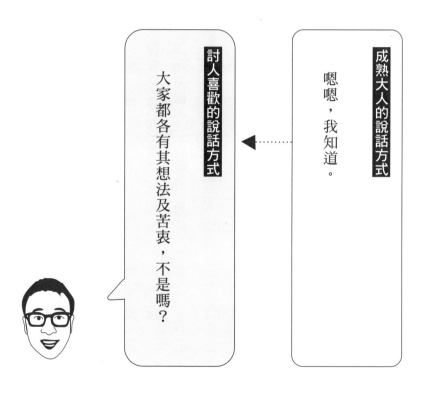

有個喜歡搬弄是非的人來跟你說八卦。

聽別人的八卦是很開心，不過就正是**那些喜歡說別人八卦的人會很在意自己成為別人口中的八卦**。

在講八卦時不僅會誇大其詞，而且絕對不會說「自己」就是散播謠言的人，而是一定會「貼個標籤」，說是從某某人那裡聽來的。

如此一來，這個八卦的傳播路徑就一覽無遺，終究會傳到本人耳裡。

我二十幾歲時，也曾跟著八卦起舞，那時被主管用嚴厲的口吻斥責：**「那些話你能在本人面前說嗎？不能在本人面前說的話就不要隨便亂說！」**

從那次起我就深切反省，即使有人跟我說八卦，我也只是淡淡帶過：「大家都各有其想法及苦衷，不是嗎？」

我有時聽到某個八卦時也會想「那個人好過分！」，不過說不定那只是我誤會他了，**而且如果他真的是個很過分的人，我想上天遲早會懲罰他的**。

CASE
43

在社群網站上貼出想炫耀的事時

成熟大人的說話方式

我好幸福喔。

討人喜歡的說話方式

因為我很幸福，
所以請讓我幫助你一些事情。

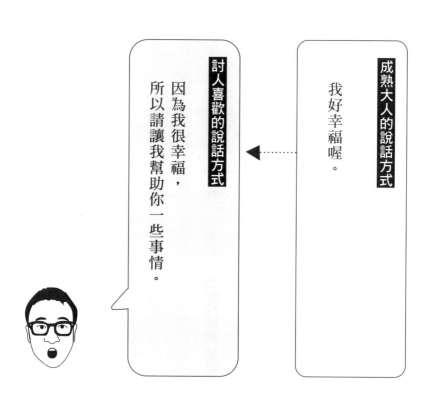

聽說有位醫師在升遷時被殺了，犯人是那位醫師的太太，犯案原因好像是她本身為了照顧小孩而辭掉工作，因而滿心嫉妒。

只要有人身上發生幸福的事，就會有人嫉妒那個人，不管本人有沒有發覺，為自己祝賀的同事或鄰居或同住家人間，總有人會幸災樂禍。

看了《獵巫，暴走的大腦》（中野信子、山崎麻里著）這本書時，得知人類的大腦在發揮正義制裁他人時會產生快感，這說法讓我不寒而慄。只不過是同事的年收入增加了而已，就讓人覺得自己好像吃虧了，所以會產生即使將對自己造成不利，也要貶低（陷害）對方的情緒。

因此想跟大家宣告幸福的事時，要和「社會貢獻」連結，例如可以做「贈送一百本書」「種樹」「一次就捐○○元」等捐贈行為，做「在海邊淨灘」「到孤兒院幫忙」「免費授課」等義工也行，能對不特定多數人提供貢獻，就能消除不特定多數人的「下意識的嫉妒心」。

CASE

44

講感想時

成熟大人的說話方式

好棒。

討人喜歡的說話方式

我喜歡○○這個部分。

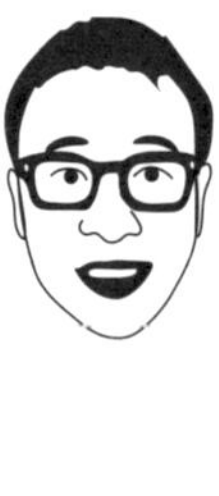

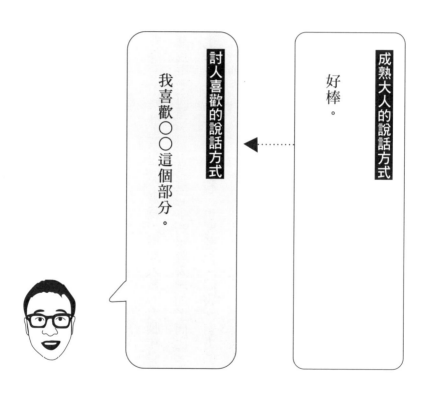

有時候真的很難說出感想吧。

特別是關於音樂、電影和繪畫等，沒有正確答案，每個人的喜好又大不相同，更難講出什麼感想。

分析或評論作品真的很難，有些評論方式甚至會傷到本人，或者被認為「這傢伙看不懂」而被看輕，又或者有時也會被對方氣憤地說「你有什麼資格做評論？」。

因此在講感想時，不需要花心思勉強說出什麼迎合別人的話，只要直率表達出「我喜歡〇〇這個部分」就好了。

喜好沒有對錯，也不會傷到任何人，也不會和別人的意見相衝突，這是比什麼都更容易表達心情的方法。

有時會對長輩順口說出「好棒！」「好厲害！」「真不錯！」「好強！」這麼一來即使真的是想要稱讚對方，也**會讓人覺得是以高姿態在評論對方**。

當你的地位還不到能評論別人時，就不要說「好」或「不好」，而是說出喜歡的部分，更能表達出尊敬和讚賞的意味。

CASE

45

確認對方是否赴約時

成熟大人的說話方式

你一定要來喔。

討人喜歡的說話方式

到時候有事取消也沒關係喔。

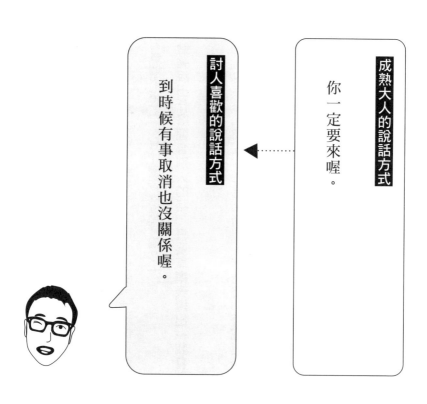

曾經有人跟我確認：「那麼我們○月○日○點見面吧。」不過他卻在那句話之後說了：**「取消也沒關係，如果你有其他事的話，請以那件事為優先。」**我聽了非常驚訝。

每個人都曾被放鴿子過，當到了約定的日子，被說「我突然有別的事了」「結果還是不能去」時，就會覺得自己不被重視而生氣或沮喪。

因此是有聽過「不要放我鴿子喔」，但那時他卻說：「取消也沒關係。」因此當我聽到這句話時，就反射性地不想背叛這麼說的人。

因為這樣會知道對方藉由降低他自己的存在感，**相對地表現出很重視我方的存在**，而對我方表示敬意。

自從我聽到這個說法後，就模仿了這個說法。

當我和某個人約時，會跟他說：「突然取消也沒關係，請隨時跟我聯絡。」並同時留下**我的電話號碼**。

不知是否因為這樣，我幾乎沒有被放過鴿子。

CASE

46

想表達同情的心情時

成熟大人的說話方式

我知道你很不好過，

不過這樣想會比較好喔。

討人喜歡的說話方式

我不知道該怎麼安慰你。

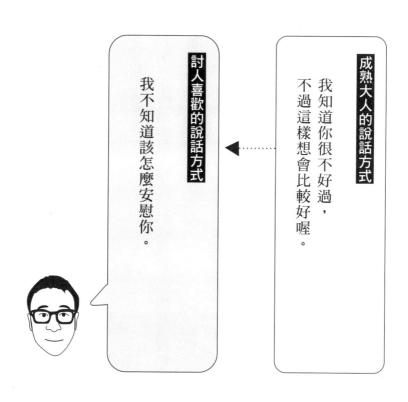

有人因為家人發生不幸、或生病、遇到車禍、或是遇到天災而難過。

對那些人到底要說些什麼話才好呢？有些緣由是只有當事人才清楚的，如果只看表面就輕易發言，可能會傷到人或讓他更悲傷。

我們最多能做的就只能體諒他的心情並在旁陪著他，然後**坦白地跟他說：「我『不清楚』你現在的心情。」**即使要跟他說些什麼，也只要說「我想你現在一定很艱辛」「這超乎我的想像」「我不知道要怎麼安慰你」「有什麼我能幫忙的請儘管說」這些就好。

如果對方願意跟你講的話，也**只要專心傾聽就好**，只要接納哽在對方心頭的那股鬱悶之氣，對方的心就會稍微變輕鬆了。

以前我曾經在美輪明宏的演唱會上聽到他說：「人到了某個歲數，**總有些壓在心頭無法對他人訴說的三、四個難題。**」我聽了不知怎地竟然落下淚來，我也有，美輪先生也有，無論是誰都有，人生沒那麼簡單，也正因為如此，才是段很棒的旅程。

CASE

47

當對方盛氣凌人時

成熟大人的說話方式

我沒有做，因為……

討人喜歡的說話方式

真的是不做不行呢。

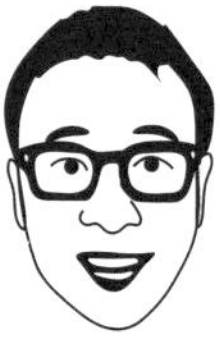

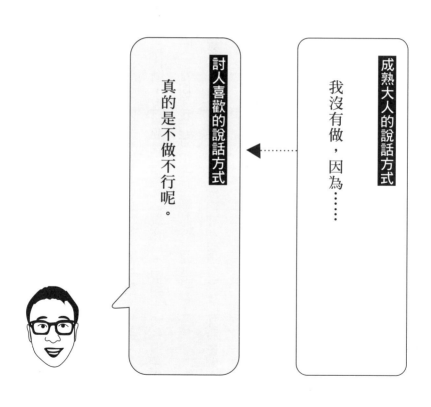

當對方盛氣凌人，你會如何回應？以下是我建議的做法。

盛氣凌人有很多種類型。

如果在對方說出「我和你不一樣，我會做這個」這種盛氣凌人（高傲）的話時，假如能說出**「好厲害喔，我好嫉妒你喔」**的話，心情會較輕鬆。

「連這麼常識性的事都沒做？」如果對方說這種盛氣凌人（責備）的話時，可能會覺得很丟臉而不自覺地想找藉口解釋「因為……所以我沒做」，或是想說些「為什麼不應該做」的原因來反駁，不過此時只要**直率承認「真的是沒做不行呢」**，心情會較輕鬆。

「你連這種事都不知道？」如果對方說這種盛氣凌人（指出自己的無知）的話時，就迅速拿出筆記本或智慧型手機邊搜尋資料邊說：「哦！原來現在這種做法是主流啊！」表現出**「沒人像我這麼認真學習吧」的態度**來回應對方，心情會較輕鬆。

無論如何，只要一旦有尷尬氣氛，就沒辦法再請教對方，因此此時只要下決心抱著謙虛的態度學習，心情會較輕鬆，也才能夠成長。

CASE

48

周圍的人吹捧自己時

成熟大人的說話方式

這次只是僥倖啦。

討人喜歡的說話方式

下次我會努力幫忙你的。

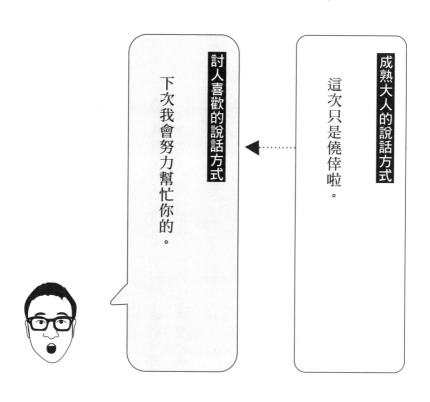

如果對方是自己很熟的人的話，「你這麼誇我，我尾椎會翹起來喔！」「我會太驕傲喔！」這麼回答也沒關係。

不過如果對方是長輩或是沒那麼熟的人，大家就會不自覺地謙虛地說出「沒有啦」或是「不敢當」。

此時最常發生的事就是**從回答的聲音語調和表情會讓對方認為「這傢伙現在明明就很驕傲」**，或許佩服就瞬間轉為厭惡。

因此，有人稱讚自己時，或許可以欣然接受「被稱讚的事實部分」，然後再補上**這次剛好「自己是受到大家幫助而集大成的那個人」**，**下次我會「在你背後支援你」**。

人的大腦構造就是會想扯成功的人的後腿（這和個性無關），不過只要持續展現出「下次一定會把機會讓給別人」「到時候我一定會努力貢獻我的力量」的態度，那些曾經暗地裡認為你是「令人作嘔的傢伙」的人，也會變成**你的夥伴**。

CASE

49

對方說了以前也說過的事時

成熟大人的說話方式

那件事之前聽過了。

討人喜歡的說話方式

我可能不知道，請你再詳細告訴我。

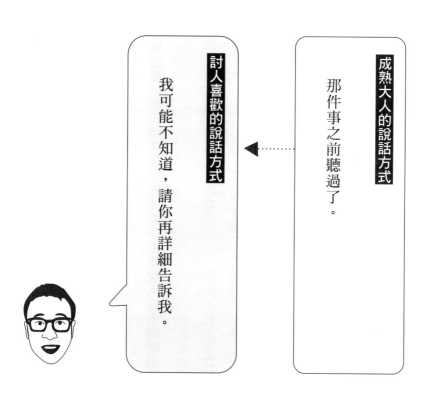

對方告訴你某些事，不過那個內容之前已經講過了，此時，你會顯現出什麼態度呢？是不是認為聽了會很浪費時間而打斷他說**「啊，那個之前聽過了」**呢？

我認為要常常對自己的耳朵、眼睛、心抱持懷疑的態度。

也就是說即使面對已知的事物，也要抱持著「我或許不知道」的態度來面對。

為什麼呢？因為人會隨著學習和體驗而成長，隨著成長程度不同，即使是同一件事，解讀方式也會改變，這世上所有事都是「我覺得自己好像知道的事」，**那些自己不經意漏掉的事情和景色中**，實際上隱藏著很多能改變自己人生或讓人生更上層樓的指引。

因此即便是出現了已聽過的事情，請以「說不定有什麼新的靈感出現」的心態面對，應該會看到不同的事物，對方也會對你時刻學習的態度產生好感。

CASE

50

別人幫助自己時

成熟大人的說話方式

很感謝你熱心幫忙。

討人喜歡的說話方式

我非常開心！

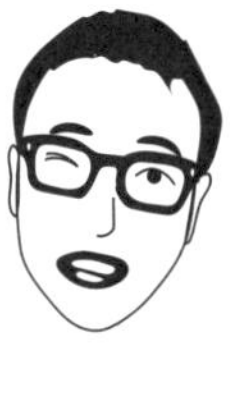

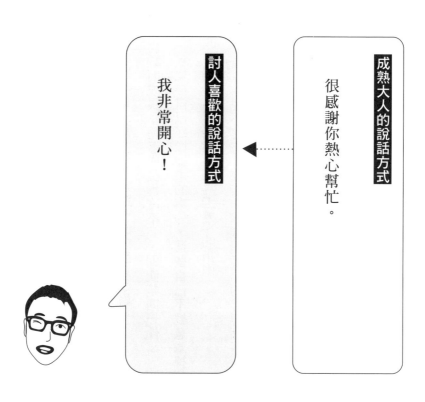

自己總是吃虧？是不是大家都偏袒同一個人？

當然，只要是人總會偏心。

然後受到偏袒的人的特徵就是他們總是**「奮力討對方歡心」**。

也就是說，他們每當和對方見到面、能和對方講到話、對方幫忙自己做事，都奮力表現出高興之情，只要是人看到自己的付出受到肯定，任誰都會很高興，然後**想讓高興的人更加高興**是人之常情。

即使對方為自己做的事不是自己需要的，對方送給自己的東西不是自己所需的，或是不合自己的品味，這都不重要。

「對方為自己做什麼」完全不是重點，只是針對「你願意讓我開心的這份心意」感動並感謝。

因此請不要錯過別人的善意，然後一發現對方的善意，就直率地盡情展現高興之情。

你表現得越高興，大家越會對你釋出善意。

CASE

51

對方說起自己沒興趣的嗜好時

成熟大人的說話方式

那類的事情，我不知道啦。

討人喜歡的說話方式

欸，那是什麼呢？

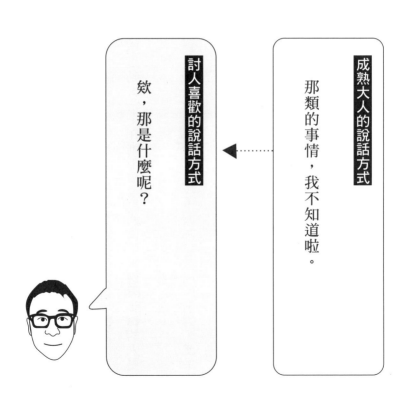

無論是哪種領域的話題，都有某些人能聊出很冷門的知識。這些人面對那些即便是讓人覺得「對方應該對這些內容沒興趣吧」的話題，也都跟得上，大家情投意合，「變成都在聊很冷門、專業的內容呢」。

這讓人驚訝於這些人怎麼那麼博學多聞呢？他們是花多少時間去蒐集這些資訊的呢？

不過這些好奇心很強的人反而沒花太多時間去蒐集資訊，他們只是覺得「能聽到自己不知道的事時，就是學習的機會」，連出現自己沒興趣的話題時，也習慣抱著「那是什麼呢」的心情認真聽那些內容。

一旦認真聽就不會那麼容易離開那個話題了，「你怎麼開始做的呢？」「你做了多久呢？」會**像這樣不斷問問題，請對方繼續講，讓話題更深入**。這種習慣對自己很有幫助，**因為在一個星期內，說不定這個話題就會在和別人的談話當中出現**，「我以為你不知道呢……」「很碰巧地，我也有另一個朋友正熱中此事呢。」「欸，真的嗎？」大家會因此聊得很愉快，這種不可思議的連鎖反應，會讓我們有下次順利聊天的機會。

人際關係是「認真程度」乘以「速度」得出來的

Chapter 5

提案／提議

說出和對方不同的意見時容易惹對方生氣，
可是不說出來的話，就變成要聽聲音大的人的意見，
這兩個情況都想避免。此時要怎麼做才能在不和對方產生對立，
也不是順應對方之意的情況下，巧妙地表達出自己的意見呢？

CASE
52

想提出反對的意見時

成熟大人的說話方式

不是那樣，是這樣才對。

討人喜歡的說話方式

為了讓整個討論更深入。

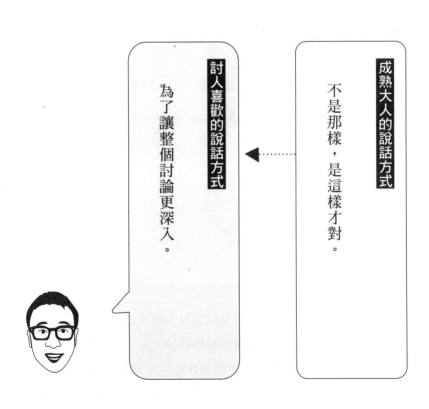

我可以刻意講一個相反的意見嗎？

當你感覺到「我和這個人的意見不同呢」。

雖然你想說出相反的意見，可是又不想和他產生對立，但如果沉默的話，又變成好像自己是贊成他的意見，也不想讓結果變成這樣。

如果可以的話，希望不是自己和對方戰鬥，而是讓自己的意見和對方的意見戰鬥。

當你這麼想時，有一個超棒的說法：

「我覺得大致是那樣，不過為了讓整個討論更有深度，請讓我硬說出個相反的意見。」

只要加上這麼一句話，整個討論就會有如下的改變：

並不是討論的人互相起衝突，而變成**像是「紙相撲」般**，討論會從人格分離，而開始進行意見本身的戰鬥。

也就是說能夠在不傷到雙方的人格之下，讓討論有所進展。

大部分的事物上都是立場強勢的人的發言決定一切。

不過採用這個方法的話，可以顧全到對方的立場，所以最後會有個對大家都好的意見被採用。

CASE

53

當說話內容和對方呈現平行線時

成熟大人的說話方式

姑且就這樣吧。

討人喜歡的說話方式

暫且先結束，我們來決定下次討論的時間和地點吧。

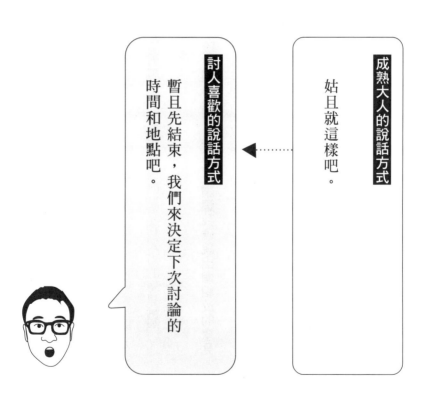

雙方針對意見和主張互不相讓。

重複同樣的內容，每次都回到原點。

這樣只是浪費時間，令人身心俱疲。

在這樣的狀態下勉強做出結論，或是放棄讓步的話，或許會在雙方心裡**留下疙瘩**。

再怎麼討論也無法下結論時，就鼓起勇氣結束話題吧，然後提議在另一個時間和地點再次討論。

今天的收穫就是雙方的條件、點子、意見都說完了。

將冗長無結論的討論暫且結束，能夠期待之後出現更好的解決方式，重要的是一定要當下具體約好下次○月○日○點在哪裡繼續討論。總是有些時候是不管花多少時間都無法做出結論。

不過稍微隔一段時間後，也**有可能突然覺得「那樣的說法也有道理」，而有了建設性的想法**。

找出一個雙方都真正能接受的平衡點吧。

CASE
54

繼續談下去也沒好處時

成熟大人的說話方式

可能不符合成本。

討人喜歡的說話方式

有沒有什麼更能提高效果的方法呢？

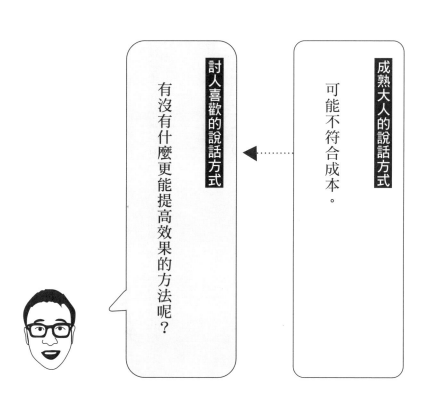

在某個場合下，主管說出了個提案。

那是主管自信滿滿的提案，可是那個提案**再怎麼想都覺得是個成果不符合成本的提案**，即使真的要執行，也提不起幹勁，雖這麼說，你也盡可能不想和主管對立，但如果說出：「有執行的價值嗎？」「這不合成本吧？」氣氛肯定當場凝結。

因此為了不產生對立，要先展現出你的所處位置。

首先先提一個問題：「我想確認一下，最終是要達到什麼目的呢？」這是為了**強調**「我不是不想做，**我也是一起邁向目標的夥伴喔**」。

然後先確認「剛才主管的方案是這樣吧」之後再問：「有沒有其他能夠花同樣的成本且效果更好的方法呢？」

如此一來，整個氣氛就變成在不否定主管的提案之下，又能讓其他成員提出新點子。

CASE
55

覺得「想和這個人一起工作」時

成熟大人的說話方式

總有一天想和你一起工作。

討人喜歡的說話方式

請告訴我我要怎麼做才能讓你覺得「你想和我一起工作」。

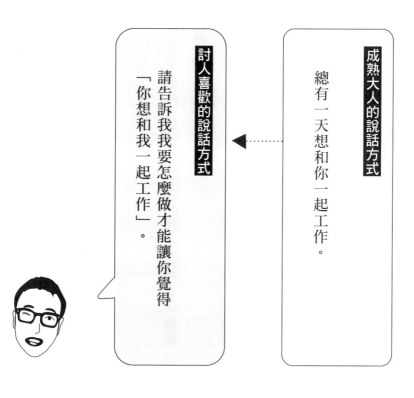

你說：「如果有一天能一起工作該多好啊！」

對方說：「啊，我也是，有機會的話，一起工作啊。」

你說：「能聽到你對我這麼說，真是我的榮幸。」

對方說：「哪裡哪裡，我現在行程很滿，改天我再跟你聯絡。」

這是很常見的對話，但這些全都是**表面上的對話**。

這樣的對話作為社交應對用語或許是正確的，不過即使持續這樣的交談，也很難將之化為現實吧。

如果真心「想要一起工作」的話，我建議你一個「心有多大，就將其表現出來」的講法：

「為了讓你覺得『想要和我一起工作』，我要怎麼做比較好呢？」

如此一來，說不定對方就會說：「我們馬上進行吧！」或是**和你一起思考要怎麼樣才能一起工作**。

此時還可以再確認一次：「這樣我可以解讀為『你有可能和我一起工作』吧？」這樣實現的可能性應該會再提高。

CASE

56

交件給客戶時

成熟大人的說話方式

我會做到你滿意為止。

討人喜歡的說話方式

我再加一個動作。

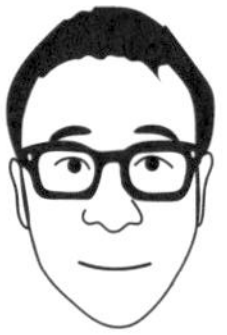

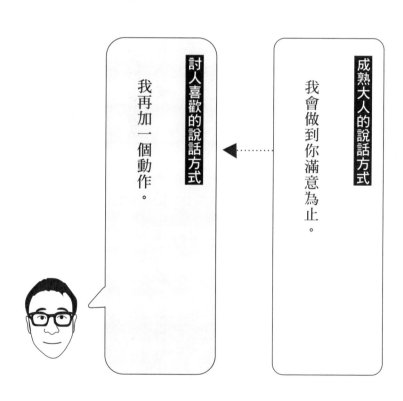

以前我的前輩有教過我一個守則：**「工作是＋1」**。

他說在「這個工作到此結束」時，有沒有辦法「＋1」將成為勝負的關鍵。

當然這是在工作完成後的「＋1」，沒辦法做什麼了不得的事，不過，「寫封信為今天的事道謝」「確認明天的開會時間」「把資料整理好放進公事包裡」這種程度的事做得到吧。

每天持續做這些事，會累積成很大的成果。

對對方而言，他可能只覺得「你很懂禮貌還會寫信道謝」，不過和不會寫道謝信的人比起來，就是好那麼一點，**能夠累積這種差異的人，就被稱為「誠懇認真的人」，在工作上就是受歡迎的人**。

在交件給客戶時也是，能做到「讓對方滿意」的是專業人士，不過在這之後，只要**花點時間多做個動作**，就能讓客戶無限感動。

賽馬的勝負有時就只是「差一個鼻子的距離」，雖然是一點點的差異，不過第一名和第二名的評價可是天壤之別啊。

CASE

57

想確認更詳細的委託內容時

成熟大人的說話方式

能請你再說詳細一點嗎？

討人喜歡的說話方式

找個機會直接確認內容吧。

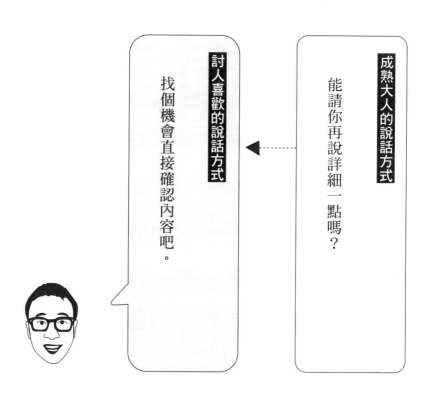

「請你做得好一點」「交給你了，你把它做好就好」，如果接到這麼籠統的委託，該如何對應呢？就照對方字面說的「完全按照自己的意思做」嗎？也不能就這麼放心地做，因為當你交出成果時，有可能對方事後才說「我希望做成○○這樣」而**給出很多意見**，或是被吩咐要從頭開始做。

為了避免這樣的情況發生要怎麼做呢？即使請對方說明詳細一點，說不定也無法解決，因為**講出那麼籠統的委託人或許他本人也不清楚自己想要的結果是什麼**，或是他只是覺得你好像會做得比他好，他只是抱著這樣的期待交給你做而已，並沒有認真思考。

因此，在開始工作前，跟他說：「可以讓我直接確認嗎？」**直接跟他約個時間討論**，如此一來，就能確認以下事情：這個工作的目標群是誰？最終要達到什麼狀態比較好？最終成果是由誰確認的？需要花多少時間？大概完成就行還是要做得很完美？對方在回答你這些問題時，在他腦中也會冒出一些點子，這樣工作雛形就會形成，成果就不會和對方預想的差太多了。

CASE

58

會議氛圍很沉重時

成熟大人的說話方式

點子已經全部說完了呢。

討人喜歡的說話方式

可以再告訴我一次這個討論的終極目標是什麼嗎？

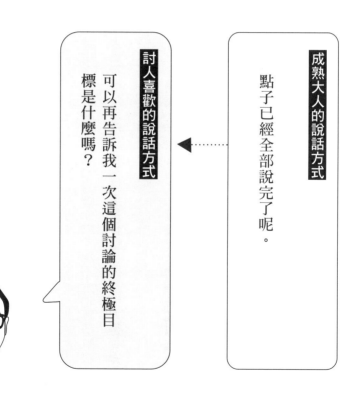

會議和討論時間拖長了，整個空氣不知何時開始沉重了起來，很常有這種事發生吧？想做那個也因為預算問題而被否決，想做這個也因為成效不高而被否決，持續「被否決」的話，大腦和精神都會漸漸疲憊，整件事毫無進展，此時該怎麼做呢？

我的話，**會確認討論本身的「出口」**。

因為話題無法前進時，參加的人越會**卡在「要怎麼做」這樣的「方法」上**。

此時，可以提出「這個討論的目標是什麼？」**「這個對話要以什麼樣的方式結束好呢？」**「我們之前是不是說過『如果能做到○○就最好不過的了』？」這樣的問題。

如此一來，就能找到一個出口，例如「提出將營業額提高10％的點子」「之前來過的客人能再度光臨是再好不過的了」「若能想出主管會由衷贊同的新菜色就好了」，思路就會轉成「如果是那樣的話」，而迸出一些解決方案。

CASE
59

身邊流傳著無憑無據的傳言時

成熟大人的說話方式

那不是事實。

討人喜歡的說話方式

因為我不方便採取行動，可以借助你的力量嗎？

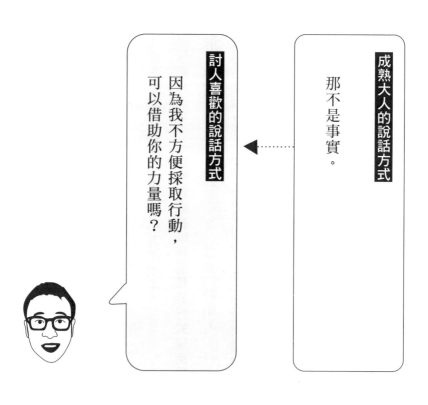

當身邊流傳著無憑無據的傳言或是自己沒做過的惡評時，在立場上會被逼到走投無路，此時要怎麼做才好呢？

請**使勁忍住想要**急忙否定、大聲叫囂、**證明**「那不是事實」**的心情**，不然不只讓人覺得不夠成熟，還會被認為是在狡辯。

這種謠言傳到整個部門時，會有審判自己的部門長官、主管、總經理、主任之類的人出現，首先，先去找這些人談談吧，然後跟他們據實以告說「有這樣的謠言出現了」，之後跟他們確認「這樣放著不管的話，不會有問題嗎？」。如果他們說有問題的話，**就拜託他們說：「因為身為當事者的我不方便採取行動，可以借助你的力量嗎？」**大家是怎麼解讀那個資訊的？自己有什麼辦法可使？如果想再借助別人的力量的話，可以找誰？藉由商量這些內容，也**能讓他們認知到「這不是事實」**，即使部門經理沒替自己採取任何行動，當他聽到那些謠言時，也不會擅自做不合理的判斷，這樣就能讓災害減到最低。

CASE

60

想確認部下的心理狀態時

成熟大人的說話方式

你有在努力嗎？

討人喜歡的說話方式

你現在工作時心情如何呢？

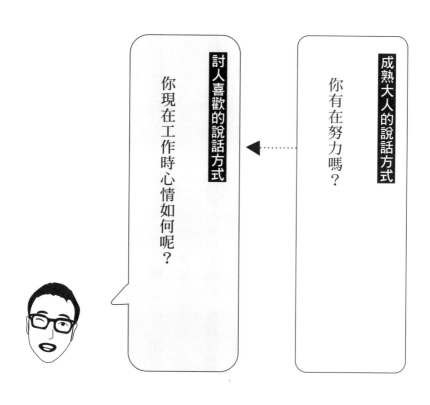

有越來越多人因持續過度緊張與擔心而累積了壓力。

例如即使表面看起來很開朗，但內心黑洞卻很深，這在平常的對話上是察覺不到的。

因此聽說有個企業的主管會直接跟每個員工面談，**詢問他們「工作時的感受」**，請員工針對「你現在是抱著什麼心情在工作呢？」這個問題，從工作時「心情舒適」「普通」「很痛苦」這幾個選項選出答案，而且當中**最危險的就是「那些明明工作成果很好，但工作時卻很痛苦的人」**，而當人事部一發現這些人，就會馬上處理，跟他約個時間吃飯，仔細傾聽他和主管間的關係、部門的內部溝通、業務內容的進行狀況等，再跟他一起討論看看有沒有可以改善的部分，或是讓他調單位。

我很佩服有數千名員工的大企業竟然能這麼真心誠意地面對員工，深感**時代真的改變了，現在為了預防無預警性的離職和心理疾病，必須傾聽員工平日的「工作時的感受」**。

CASE

61

上台報告很緊張時

成熟大人的說話方式

因為我太緊張了，說得不好，很抱歉。

討人喜歡的說話方式

因為我想讓大家滿意，就緊張了起來。

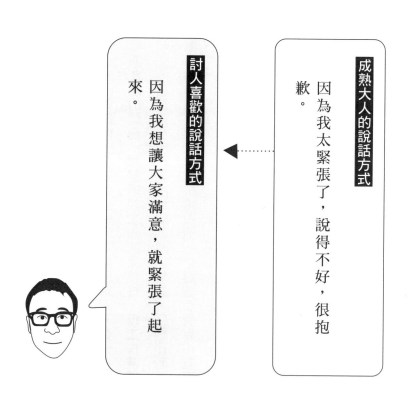

因太緊張而腦中一片空白，心臟撲通撲通跳，越想要跳脫這樣的狀態就越嚴重，我想應該不少人有過這樣的經驗，即使是那些已經在眾多人面前進行過多場演講的人，也通常會緊張。

站在眾人面前時為什麼會緊張呢？那是因為夾雜著**「想給別人留下好印象」「想被人喜愛」「想獲得好評價」**這些心情，如果不在意的話就不會緊張了，因為把注意力花在「要怎麼說才能給別人留下好印象？」時，發言就會變得雜亂無章。

無法如己所願發言時，就將注意力放在傾聽自己內心的聲音，然後**直接告訴大家「我現在正在緊張，找不到適當的話來說」**，然後再繼續說：「為什麼我會緊張呢，是因為我今天想讓大家留下好印象。」「因為我想留給大家的印象是我對這個領域很了解。」「因為我想讓大家認為我是個很幽默的人。」

在商業談判上也可以說：「因為我很擔心會被拒絕，**我真的不想被您拒絕**，這樣的心情太強烈，讓我很緊張。」

只要將心聲如實表達出來，不知為何對方就會卸下心防。

CASE

62

道別時覺得還聊不夠時

成熟大人的說話方式

可以再多聊一會兒嗎？

討人喜歡的說話方式

沒聊完的下次再聊喔。

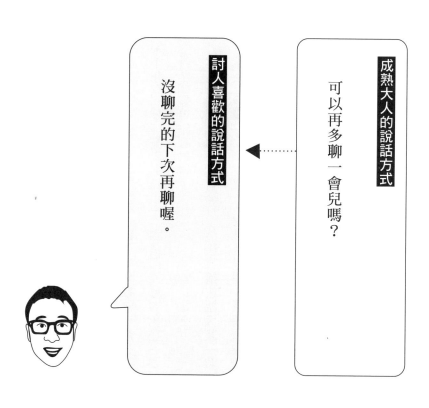

凡事都有其極限。

即便是多喜歡的食物，如果吃太多，也會生膩而暫時不想吃了。

和別人的對話也是，如果講得太投入了，雙方會在**無意識當中**認為「關於這個人我已經認識夠了」。

也就是說，不會對下次見面有所期待。

你也有過這樣的經驗嗎？就是見面時明明聊了很多有趣的話題，聊得很開心，可是不知道為什麼道別後卻筋疲力竭，說不定那時雙方心裡就都感到要暫時和對方保持距離了。

為了讓對方保持心情的新鮮度，不要每次都將所有話講完，**對話在覺得「還想再多聊一點啊」時結束是最好的**，因為這樣雙方都會留下「還想再見到這個人」的印象。

正因為下次還想見面，所以**今天稍微忍耐一下**，這樣對下次才會有所期待啊。

直搗問題中心點，因為颱風眼是風平浪靜的

Chapter 6

指導／提醒

大家都希望被後進或部下喜歡，可是又不能放縱他們，

常在這兩種心情間搖擺不定，

那麼，要採什麼樣的溝通方式才好呢？

讓我們學習又能提醒他們，又能激發出他們的動力，

又不傷害他們自尊心的說話方式吧。

CASE
63

部下不斷犯同樣錯誤時

成熟大人的說話方式

我要說幾次你才懂？

討人喜歡的說話方式

你覺得我該怎麼做？

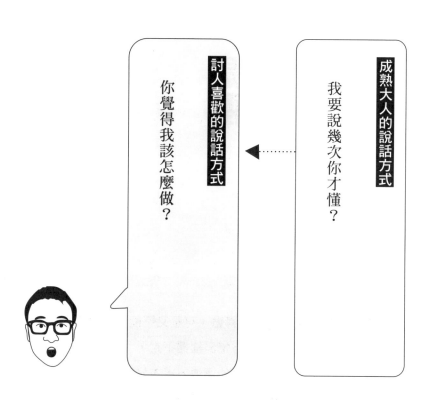

明明同樣的事已說過好幾次，**部下和後輩卻重複犯同樣的錯誤**，雖然如此，若責罵或否定他們，說不定他們就離職了，所以只能小心翼翼地溫柔指導說：「要這樣子做喔、請那樣子做喔。」儘管如此，他們卻都不改，那要怎麼辦才好呢？我懂你煩惱的心情。

此時，**先捨棄「想改變他們」的心情**。

因為想著「想改變他們」時，大致上都是希望對方按照「自己的理想工作模式」做事，持續指導「要這樣子做喔、請那樣子做喔」時，對那個人而言，主要問題就變成「要應付你」。

我的建議是**反過來問他：「你覺得我該怎麼做？」**

我對你真的很過意不去，我該怎麼做？我不想責備你，又希望你能成長，「你覺得我該怎麼做？」對方聽到這句話，立場就改變了，至今為止他的視線總是面對著身為主管的你，此後就會變成檢視自己，而切換成自己動腦思考行動的狀態了。

CASE
64

請對方做新案子時

成熟大人的說話方式

請你近期完成。

討人喜歡的說話方式

你什麼時候能完成呢？

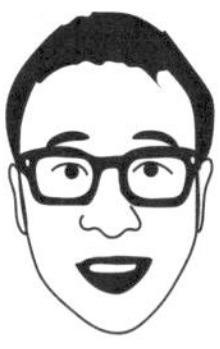

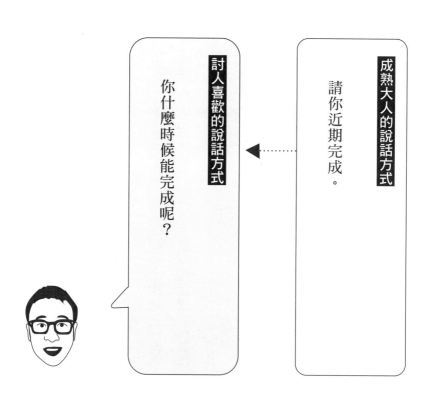

無論什麼工作都有期限。

「麻煩你近期完成」這種說法很模糊。

將對方能利用的時間和需要的作業時間相比後，請對方說出「什麼時候前會完成」，**訂出一個期限**。

期限不要訂得太緊，要稍微估寬鬆一點，工作上突然出問題、突然有訪客、生病、在自己想專心做事時就偏偏有電話進來等等，日常生活中常會發生這些事分散掉我們的時間，**時間總是比自己預估的還少**。

不讓對方因想挽回浪費掉的時間而著急，就比較不用擔心整個工作品質下降。

不管是多小的工作，都希望對方能像職人般確實完成吧。

面對那些工作速度很慢的人，不是跟他們說「請做快一點」或「你不能再加快速度嗎？」，而是提醒他：「交期是○月○日吧？照這個速度的話完成得了嗎？」

即使真的來不及，對方也會深刻認知到事情的嚴重性，他就會變成能夠自己想像未來、自己發現問題所在而自主行動了。

CASE
65

對方發現很重要的事時

成熟大人的說話方式

你看吧，果然就像我說的吧。

討人喜歡的說話方式

能注意到這點，你很厲害吔。

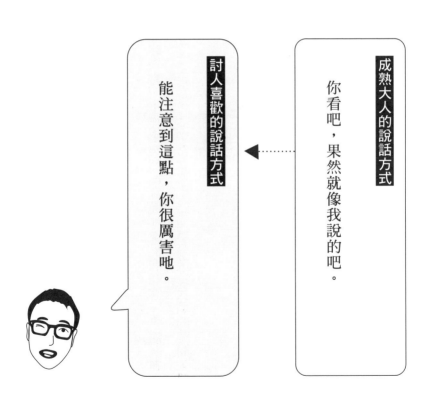

大家都很在意自己在別人眼中是怎麼樣的人。

聽說為了逃離別人的評論而隱居山林的人也會在意自己在都市人眼中的評價，有沒有什麼方法能跳脫這個束縛呢？有次我聽到朋友說**「成功是『打造出來的』，但幸福是『現在的感受』」**，頓時恍然大悟。

也就是說**幸福是靠「自我評價」而得到的**，不能和「他人的評價」混在一起談，如果不是這樣的話，就會變成為了要讓別人認同「你是一個幸福的人」而每天汲汲營營。

例如，有個人不管別人怎麼說他都不開始行動，不過他尊敬的前輩一建議，他就馬上行動了。

此時，說了「你看吧，果然就像我說的吧」的人，他在意的事並不是「那個人做了正確的選擇」，而是「希望大家認同給了正確建議的我」，他追求的是這種他人認同。為了真正變成「厲害的自己」，而不是「被認為厲害的自己」，**最好能夠跟對方說出「做出這種判斷的你很厲害呢」**，如此一來，對方和自己的「自我評價」都提升，都能變得更有魅力。

CASE

66

部下看起來沒什麼幹勁時

成熟大人的說話方式

拿出幹勁吧。

討人喜歡的說話方式

話說你本來為什麼想做這件事？

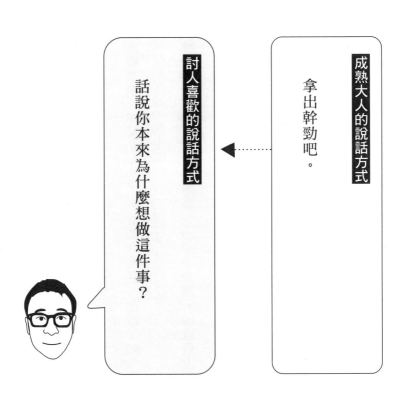

要怎麼樣才能讓失去幹勁的人重新找回幹勁呢？

首先，**先掌握到「部下失去幹勁」這個事實也算是個進展**，一旦知道後，鐵則就是不能輕率行動，但也不能坐視不管，因為要看準每個能讓部下解開心結、重新找回幹勁的時間點。

有些人會一開始就說「為什麼應該要提出幹勁」的理由和「怎麼做才能提出幹勁」的方法，這樣一來，對話就變得沉重，對方會再度陷入「非做不可」的負面情緒。

比起這種做法，**先問他：「話說你本來為什麼想做這個工作？」和他一起回顧初心**也不錯。

這是讓那個人坐上想像中的時光機，**幫助他回到「提出幹勁的那瞬間」**，如此一來，說不定他就不會責怪誰，而會把眼前的事當作是自己的問題而提出幹勁來做。

比起灌輸「這樣做」的這種「教導」，讓本人自己思考「怎麼做才能順利完成」並導出答案的這種「引導」的影響力更強。

CASE
67

希望對方察覺自己的心意時

成熟大人的說話方式

為什麼你不懂我呢？

討人喜歡的說話方式

我以為沒說出口你也會了解，這讓我有點傷心。

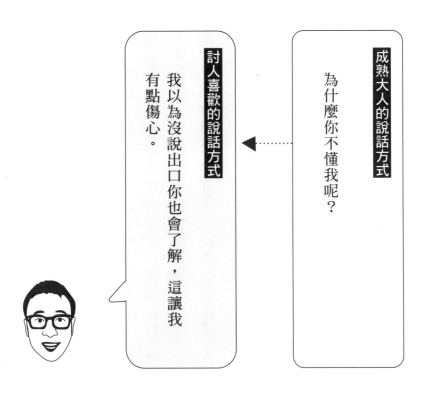

覺得別人理所當然會幫忙做的事別人卻沒做，這是為什麼呢？可是再怎麼問他理由或是責怪他，也**很難改變對方的行為**吧。

為了改變對方的行為，就只能先改變自己的行為，能做的事之一就是「將自己的心情如實表達出來」。

有個稱作「憤怒管理」的心理課程，這是為了預防或控制憤怒而開的課程，在憤怒管理上，「為什麼不了解我？」這是之後才冒出來的二次情緒，如果把這個情緒直接宣洩出來的話，對方也會有「我自己也有很多事，怎麼可能了解你！」這種憤怒（對方的二次情緒）回來，之後就變成雙方互相怒罵。

本來的一次情緒應該是「我以為對方是你的話，我不說出口，你也會懂，結果你不懂，我很傷心」，**憤怒出現時，先深呼吸吧，然後想想「衍生出這個情緒的原本情緒是什麼」**，這樣一定能夠和對方有冷靜的對話。

CASE

68

主管提醒自己時沒說得很清楚

成熟大人的說話方式

我知道了。

討人喜歡的說話方式

例如是什麼事呢？

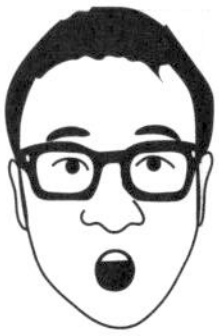

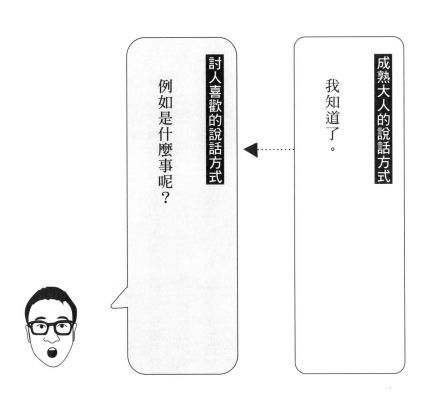

有句話說「人無法體驗『概念』，是體驗『定義』」。

幸福、成功、仔細、厲害、開心、有趣……**這些詞彙全都是「概念」，因此每個人的解讀都不同**，即使大家都用「仔細」這個詞，有人是將其定義為一個步驟一個步驟慢慢做，也有人將其定義為多做一個步驟，因此，即使有這樣的對話：「請你做得更仔細。」「我知道了！」但由於雙方對這個詞的解讀是不同的，就會導致以下這種不滿意的結果：「……有點隨便呢。」「欸？我已經很仔細地做了啊。」

所以如果當你發現對方用「概念」在談事情時，**就問對方：「例如是怎麼樣呢？」養成跟對方在「定義」上達成共識的習慣吧**。

可是有一點要注意，問「例如是怎麼樣呢？」只不過是和對方「達成共識」而已，不能變成**挑對方毛病或是追究對方的責任**。

哲學家蘇格拉底為了要揭露聖人講的語詞是什麼意思，在所有聽眾面前追問：「你說的『國家』是什麼意思？」「『幸福』指的是什麼？」「『和平』指的是什麼？」因為這樣的做法，讓他瞬間廣受希臘年輕人的歡迎，不過之後就被以「蠱惑青年」之罪名宣判死刑。

CASE
69

失敗時

成熟大人的說話方式

為什麼會變成這樣？

討人喜歡的說話方式

下次要怎麼做呢？

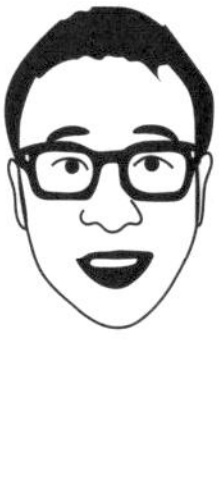

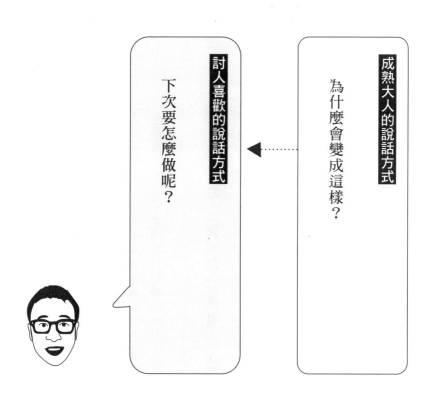

啊~犯了個很大的錯誤！此時，大家或許會探究原因或是沮喪，可是這樣做只是**浪費時間**而已，是需要反省，不過不需要責怪自己，正確做法是思考下次該怎麼做，再付諸行動就好了（智慧型後悔）。

這是發生在我二十幾歲時的事，那次是要坐著前輩的車去參加某個研討會的，快要遲到了，那時前輩原本打算打D檔，卻打錯檔變成L檔而發生擦撞，我想糟了！不過前輩毫不在意地繼續開車，我問：「不下車看一下沒問題嗎？」前輩卻涼涼地說：「因為是趕時間才撞到的，**再看就更來不及了**。」

那瞬間我驚醒了，其實無論是被爽約還是電腦壞掉了，又或是喜歡的衣服沾上了污漬都一樣，抱怨或悶悶不樂或許是一種自我滿足，**可是不要想著為什麼會變成這樣，重要的是能不能把思路切換成想想「那下次該怎麼做？」**，到接受事實前會很難接受，爽快地接受就能認清那就是事實。能夠保持開朗的心理狀態，在下次做出正確判斷的人才是能夠做大事的人。

CASE
70

不想逼迫大家做，但都沒人做時

成熟大人的說話方式

大家為什麼不能更積極呢？

討人喜歡的說話方式

這讓我知道自己能力不足，有點沮喪。

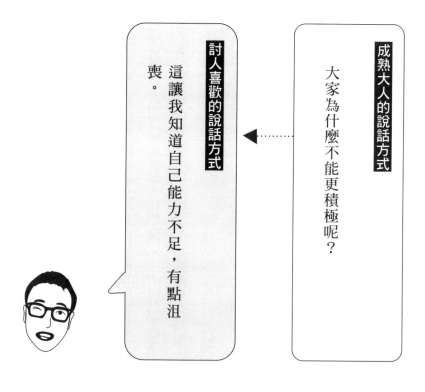

身為一個帶領團隊的人不想太強制大家做事，可是卻很少人主動參加，這樣對主辦人無法交代，也傷到自己的自尊心，因此有時就會讓人感到焦躁並對人發脾氣。但是我工作這麼久，**不記得有哪次是覺得「還好那時候有生氣」**，因生氣而產生的心裡鴻溝是很難修復的，所謂的憤怒，可說是現在面臨的狀況已超出自己能負荷的狀態，所以經歷過幾次就學到了**生氣時最好不要做任何判斷或行動**。

比起這個，必須思考的是到底是什麼情緒引發出憤怒這種情緒呢？

「為什麼不能更積極一點」這種憤怒的情緒，追根究底的話，就是「大家應該都會理解狀況而幫忙」這樣的期待被背叛了，而感到遺憾且悲傷的情緒吧。

但是**若說到是誰該營造出大家**「會理解狀況且想提供幫助」**的心情，說穿了就是自己，**因此可以試著這麼跟大家說，「這次大家沒有參加，我覺得很遺憾，可是沒能打造出讓大家參加的氛圍，完全是我能力不夠、努力不夠，很抱歉。」只要提起勇氣道歉，就**能壓抑住你的情緒，且能讓別人感動**。

CASE

71

想抓住即將離開團體的人的心時

成熟大人的說話方式

你離開了會有○○這些壞處。

討人喜歡的說話方式

歡迎隨時回來喔。

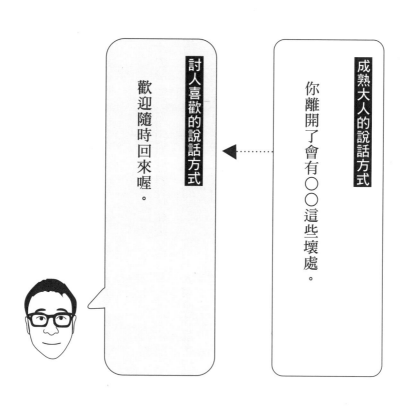

某個影音平台的退會手續非常簡單，所以**讓人擔心**一旦退會了，如果又看到有興趣的電影和連續劇的話，**「可以再度入會嗎？」**

公司、學校、各種服務等團體也一樣，在這個很容易就能自由選擇各種團體的時代裡，熱切挽留那些想離開這個團體的人，或是對他們列舉出離開團體的壞處，或許不是個那麼合適的方法。

我認為即便他們暫時改變想法，但遲早會對內部的人抱怨某些事，或對外部的人訴說不滿，終究會選其他的團體。

所以，**當有人提出「想退會」的請求時，就乾脆地接受吧**。

雖然不挽留他，不過要跟他表達參加至今的感謝之意，並加上「歡迎隨時回來喔」「我們還是會協助你喔」「我們一直是朋友喔」這些充滿感情的話語。

如果能讓對方覺得「還是不想離開……」的話是最好的了，他離開幾年後，也一定還會對周圍的人說「那裡是個好地方喔」。

CASE
72

希望對方不要放棄時

成熟大人的說話方式

不要放棄，繼續努力吧。

討人喜歡的說話方式

這個難關的另一端會有奇蹟發生喔。

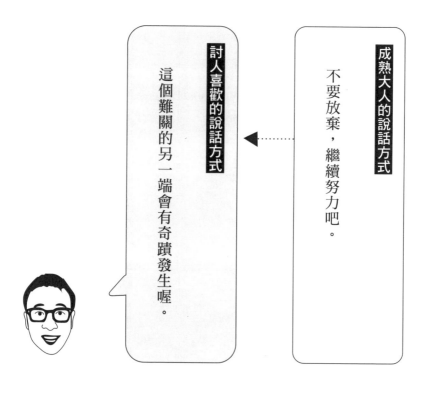

還好那時沒放棄。

這樣的經驗越多的人，越不容易放棄，越會堅持下去，若把任誰都想放棄的地方稱作「難關」的話，**難關的另一端會有奇蹟發生吧，在這個難關前的所有人都能引發奇蹟。**

在大家都快放棄時，你卻覺得放棄很可惜，再往前進一點看看吧，如果能這樣推大家一把就好了。

我在學生時代時，在田徑賽上花了很多心力。

每天不斷鍛鍊已累積了大量乳酸的身體，練到很想吐，教練問：「很痛苦嗎？」我一回答：「對！」教練馬上說：「你知道為什麼會痛苦嗎？因為神在跟你說『過來這裡你就會死喔』，一跨過這道線就是神之領域，你想去看看嗎？」

我想了想，說：「我想去看看！」教練推了我一把說：「那你就去**神之領域**吧！」我跑完倒在操場上時，喘著氣笑著對學弟妹說：「這就是神之領域啊～」那瞬間我切身體悟到極限的另一頭有扇奇蹟之門。

CASE

73

對方都不聽自己意見時

成熟大人的說話方式

我是為了你好才說的。

討人喜歡的說話方式

你照我說的話做是幫我一個大忙。

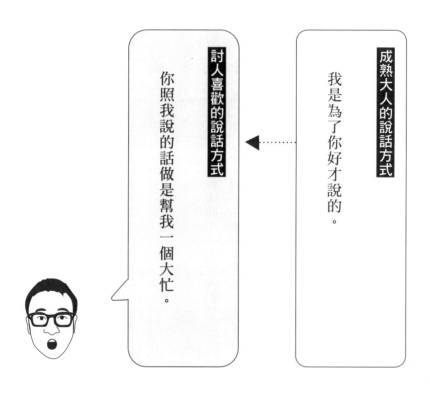

有位教特殊班的老師很煩惱，上課時他常常需要去把跑出教室的學生抓回教室，信心全無的老師去找諮商師商量，諮商師問：「學生**內心真正的想法**是什麼？」老師回答：「可能是不想上課，比較想在外面玩吧。」諮商師馬上提了個建議：「那你要確實讓學生知道你了解他的想法。」之後又接著問：「那麼你又是為什麼要把學生帶回教室呢？」「因為想讓那個學生的未來比較輕鬆。」「那是你真正的想法嗎？」「因為希望他明年升學後，能讓帶他的老師比較輕鬆。」「**你真正的、真正的想法是什麼？**」老師想了一會兒後清楚說出：

「**因為**那個學生在教室裡念書的話，**大家對我的評價會提高**。」

諮商師建議：「你把你真正的想法如實告訴那個學生。」實際上那個老師照做後，那個學生就沒再跑出教室了。我們總是不自覺地隱藏自己內心真正的想法，想表現出符合社會標準的行為，可是**和別人共享自己「內心真正的想法」，就能和對方形成「共犯關係」，互相合作幫忙**。

工作的五成是「掌握現狀」。

Chapter 7

反省／道歉

人只要活著，就有時候會得罪別人，這也沒辦法，
只是要在事情變得無法收拾前趕快滅火，並確實修復關係。
然後希望不僅修復了關係，還希望這次的道歉能讓對方事後回想
起來時認為「那時還好有那件事發生呢」。

CASE
74

對方因誤會而生氣時

成熟大人的說話方式

不是，那是個誤會。

討人喜歡的說話方式

我認為讓你這麼覺得就等於我真的那麼做了。

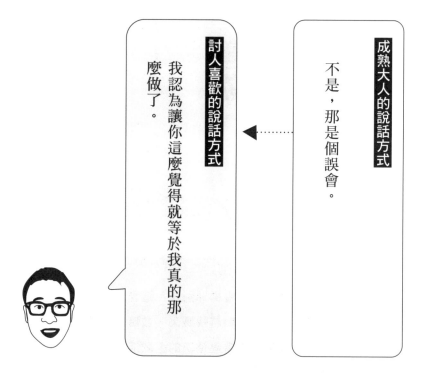

不知道為什麼惹對方生氣了？問了他之所以生氣的理由，聽來像是雙方認知有落差，此時要怎麼做才能好好善後呢？

大家不自覺地會說出「我沒那個意思……」「我說的不是那樣的意思……」。

可是就算再一次回顧那時講的話，說明是因為那時雙方的認知落差才導致現在的狀態，也只不過是**火上加油**而已。

首先先說些話表達道歉之意：「我不知道你是否願意原諒我，不過我來是想先跟你說聲抱歉。」並跟對方表達全面承認的心情，即雖然這是個誤會，不過**「『讓你誤會』和『我真的那麼做了』是一樣的」**。因為如果你拆穿他就等於讓他遭受羞辱了。

此外，**這種道歉的場合也正是傳達「你是很重要的存在」的絕佳時機**，只要傳達出「這次的事件讓我強烈認清，如果沒有你在，我真的什麼事都辦不好」，或許就能讓雙方的關係更進一步。

CASE

75

接到抱怨或詢問時

成熟大人的說話方式

我認為已經說明得很清楚了，

你是否還不了解呢？

討人喜歡的說話方式

那真的很傷腦筋呢，

我們趕快來解決吧。

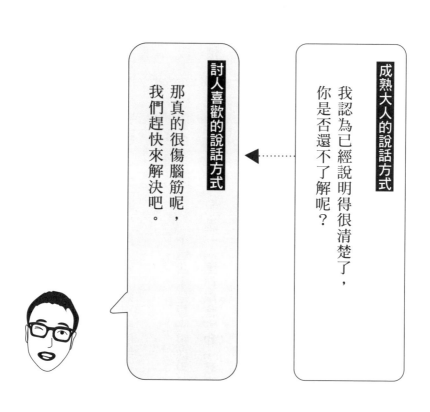

某天電腦出問題了，沒辦法工作，可是工作不斷進來，我就打電話給服務中心，我焦慮地把狀況從頭到尾說明一回，於是客服人員回了我這樣一句話：

「那真的很傷腦筋呢，我們趕快來解決吧。」

這是多麼美妙的答案啊，我浮躁的心因那位負責人的一句話而放鬆了，我一聽到那句話，焦慮感就消失了。

在確認「那是硬體問題呢」「你沒重新開機嗎？」這些例行性問題前，他以**「體諒我的心情」為優先考量，讓我非常高興**。

在遇到某個問題時，最先想解決的並不是那個問題本身。

而是想從因那個問題而生的焦慮、擔心、氣餒的心情當中解放，所以在接到抱怨或詢問時，要先抓住對方現在需要什麼樣的心情，然後想像一下如果是自己遇到問題的話，「對方說什麼話會讓我有那種心情」，再**把想到的話如實說給對方聽**，這樣很容易就能找到解決的線索了。

CASE

76

在和客戶的聚餐上，主管暴走時

成熟大人的說話方式

他平常不是這樣的人。

討人喜歡的說話方式

這個人總是這樣。

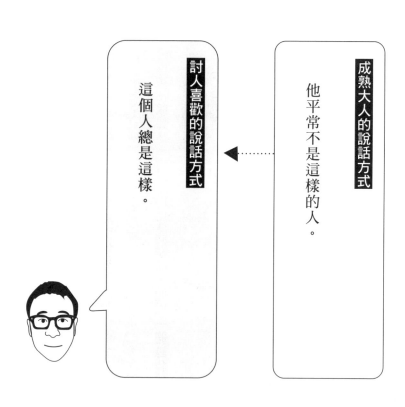

以前有人問過我這樣的問題：「在和客戶的聚餐上，我們的部門經理常常喝醉失控，不管怎麼叫他『別再喝了』，他都不聽，此時要怎麼處理比較好？」

如果是比自己地位低的人，還可以警告他，可是對方是主管或前輩的話，就無法強烈阻止，而**很煩惱要採取什麼行動**吧，這時或許就會覺得「無法強烈制止前輩的自己」很沒用。

可是這時**你該處理的並不是維護失控前輩的立場，而是要安撫被捲入這個狀況的客戶的心情**。

該做的事就是看著客戶說：「前輩一喝醉總是這樣」「請您務必把今天的胡言亂語從記憶中消除」，只能像這樣道歉。

道歉到對方說「你也真辛苦啊」來體諒安慰自己吧。

另一方面，如果你是喝醉的當事者，隔天早上一定要發以下內容的信給所有相關人員，「**我先道歉**，真的很抱歉，昨天晚上的事情我完全不記得，我有做什麼蠢事嗎？」你也有過這樣的經驗嗎（笑）？

CASE
77

惹對方不高興時

成熟大人的說話方式

今天打擾了。

討人喜歡的說話方式

謝謝你撥空見我。

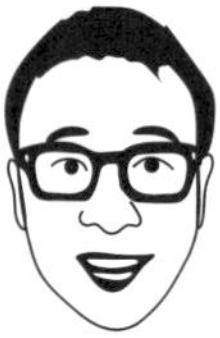

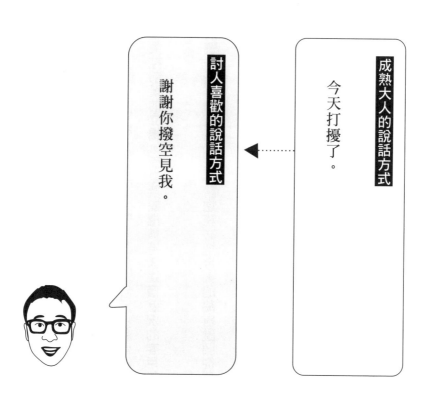

在和客戶開會時，不知道為什麼對方一直很不高興。問題出在哪裡呢？你在不知道原因的情況下，抱著鬱悶的心情正要離開。

這個時刻很重要，此時不建議大家小小聲地說「今天打擾了……」後像逃走般離開，因為對方不高興的原因有可能不在你身上，也有可能是因你的言行舉止惹惱了他，**也有可能只是外表看起來不高興而已**，不管原因是什麼，你那麼做只會給他留下不好的印象，之後在他身邊又出現關於你的話題時，他只想到「啊，那個人啊……」而搖頭，這樣你很吃虧。

因此即使對方關閉心房，你也不要在心中咂嘴，而是要**在離開時，很有禮貌地說以下的話做結尾**：「因為我知識和經驗都不夠，導致談話內容不夠豐富，**很感謝你今天撥空見我**，如果你方便再撥空跟我見面的話，我會很感激。」

雖然這麼說了後，對方有可能還是不高興，不過他會對你留下好的印象，之後如果聽到有關你的話題，他勢必會說：「啊，那個人不錯呢。」

CASE

78

想不起對方是誰時

成熟大人的說話方式

是、是，我記得。

討人喜歡的說話方式

我該不會是遇到危機了吧？

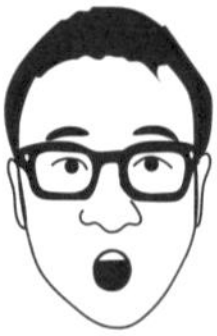

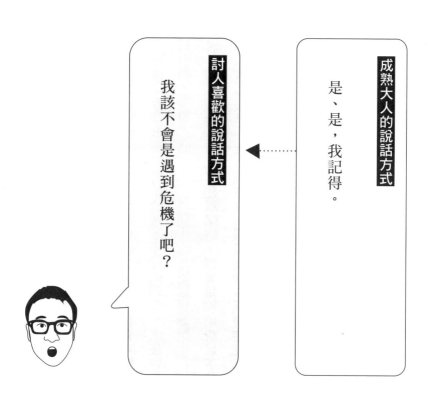

邊說「初次見面」邊換名片時，對方說：「我們之前有見過面喔。」糟糕！現場氣氛瞬間凝結。

可是平常要和那麼多人見面，這種情形不少見吧。

想要設法擺脫這個窘境，因為這樣想，成熟的大人可能就會**明明完全想不起對方是誰，卻慌慌張張地說謊「我記得你」**，但是可預想在那之後的對話會破綻百出。

我遇到這種情況時，不會想要講好聽的場面話，我會把心裡想的場景現場直播出來，例如這樣：

欸，等等喔，等等，**我該不會是遇到危機了吧？**我這樣是不是很失禮？我不記得你的名字讓我非常焦急，緊張到冒冷汗。

就像這樣努力一直說話，對方也就會苦笑著說出他的名字。

順帶一提，「請問你貴姓大名呀？」「我姓○○。」「啊，那名字呢？」也是種解決方法，不過將狼狽的自己直接呈現給對方看，會給對方留下好印象。

CASE

79

不小心失言時

成熟大人的說話方式

剛才講的不是真的。

討人喜歡的說話方式

啊，最近發生了一些有趣的事。

（開啟下一個話題）

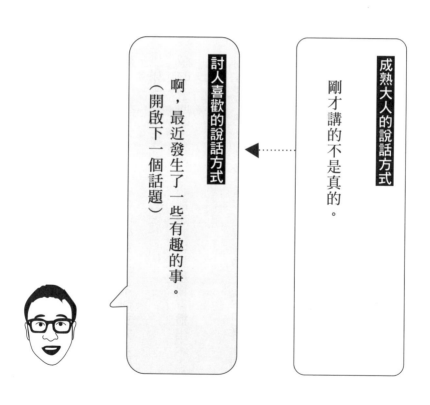

有認識的人送自己禮物，對方說：「如果你不喜歡的話，可以送人或丟掉也沒關係。」有人就不小心脫口而出：「謝謝，我會那麼做的。」失言了！可是如果想要說一些好聽話，例如「不是啦！我很喜歡」來圓場的話，反而更突顯出那句失言的話，可能會讓氣氛變尷尬。

如果知道那是不該說出口的話，直覺反應就想要辯解「我這個人不會那麼神經大條地講出那麼沒禮貌的話」。

但是，慌忙辯解並不會讓事情變好。

因為你心裡慌忙想到「糟糕！」就表示你在現實上做了「糟糕！」這樣的事。

一旦失言了就接受事實吧，承認「**自己是個會失言的不成熟的人**」，越早接受的人復原得越快，承認了「不想被認為是不成熟的人」這種卑微心態，能夠讓心緒穩定下來，**就順著那個情況，用開朗明快的心情看向下個現狀，開啟另一個話題**，這樣應該不至於讓對方留下不好的印象。

CASE
80

接受對方盛情厚意時

成熟大人的說話方式

我一定要回個禮。

討人喜歡的說話方式

也請讓我為你做些事。

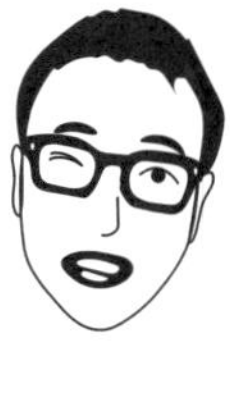

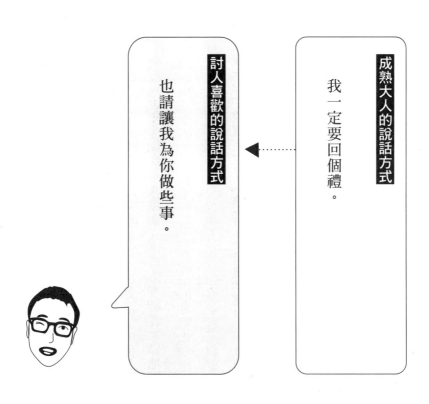

真的想為對方做事的話，是不會要求對方回報的。

因為整個環境因果循環，**一定會從別人、別的地方那裡得到回報**。

扶跌倒的人站起來，「德」的分數就會增加，撿起路邊的垃圾也會讓分數增加，擔任結婚典禮的主持人分數又增加了，可是中樂透的話，累積的德的分數就會一口氣減少，**因為德和運是互相轉換的，所以為了要保持好運氣，就只能繼續累積德**。

這個世界是由相信這種說法的給予者（想貢獻的人）和不相信這種說法的奪取人（想奪取的人）、還有大多數的中間值人（取得平衡的人）構成的，有些人想當個給予者而貢獻，卻無法馬上收到回報，這些人可能就是貢獻給了奪取人（奪取人即使能暫時成功，卻會因中間值人的嫉妒而出局，所以他們是經常在找奪取對象的「遊民」），所以當你想將累積的德換成運氣時，就貢獻給給予者吧，給予者是「馬上會回報的人」，你也馬上又回報，然後馬上又收到回報，這就像是彈珠台一樣，叮叮噹噹地讓德的報酬更廣傳出去，展開**給予&愛的世界**。

CASE
81

從對方那裡聽到一件很受用的事時

成熟大人的說話方式

受益良多。

討人喜歡的說話方式

我可以把這件事分享給其他人嗎？

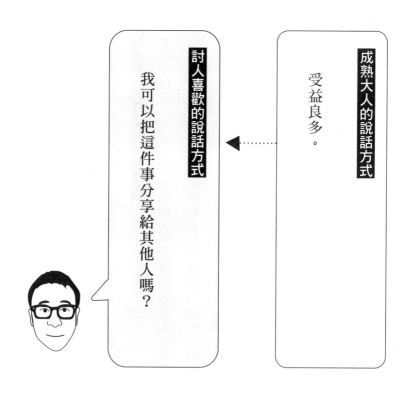

認真學習的人會受到重視。

最棒的學習方法是「把學到的東西分享給別人」，所以，當你問別人「我可以告訴別人這個資訊嗎？」時，**對方就會認為你是個認真學習的人**。

還有能記得別人講過的話的人也會受到重視。

在聽人說話時，不只聽進腦裡，也要聽進心裡，因為**聽話時心裡跟著反應的話**，例如驚訝地說出：「欸？真的嗎？」或是在心裡吐槽一下「這是怎麼回事！」**能幫助對話在腦中記得更清楚**。

此外，也可以這樣做筆記：我會用 iPad，不只寫文字，也會一併畫出插圖或圖解，然後再把這些內容打在部落格上，之後再說給見到面的人聽，把聽過的內容對別人說明很多次後，就會化成自己的記憶永存腦中。

大概說給五個人聽之後，就能用自己的話說出來了。

一剛開始花三十分鐘才能說明清楚的事，經過幾次敘述後，五分鐘就能說明清楚了，最終只要用**簡短有力的一句話**就能表達出來了。

CASE
82

跟不上當場的話題時

成熟大人的說話方式

我先告辭了。

討人喜歡的說話方式

我可以做筆記嗎？

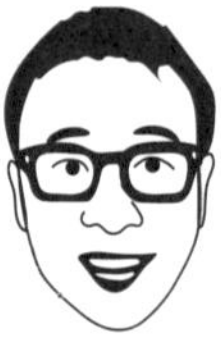

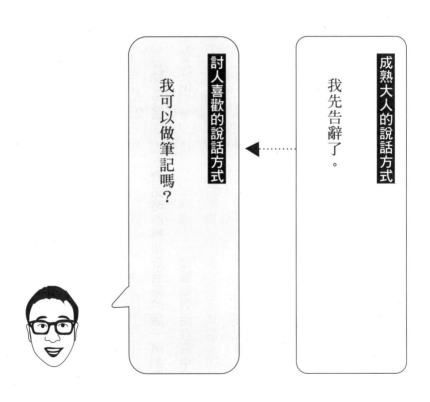

去參加一個活動，可是好像跑錯場子了。

大家聊的話題都聽不懂，好像只是看著網球的對打，但完全插不進話題裡，繼續待在那裡只感到痛苦。

此時，很想編個適當的理由說「那我先告辭了……」後就速速逃走，我能理解這心情。

但是能參加那個活動也是個難得的緣分，從「人生裡發生的所有事都有其意義」這個觀點來看的話，說不定**那個場合也隱藏著重要的旨意**。

不只是在對大家的話題有興趣時，連在跟不上話題而感到無聊時，或是想讓其他參加者留下好印象時，或是覺得「慘了，好睏」時，都先跟對方說「我可以寫筆記嗎？」之後開始記筆記。

採取「寫筆記」這個自主行為，參加這個活動就有其意義了，至少不再感到無聊或想睡（如果是研討會的話，就站著聽，因為站著就無法睡了）。

CASE
83

很明顯是對方的錯誤，但對方卻沒發現時

成熟大人的說話方式

你能再確認一次嗎？

討人喜歡的說話方式

我想扳回一城。

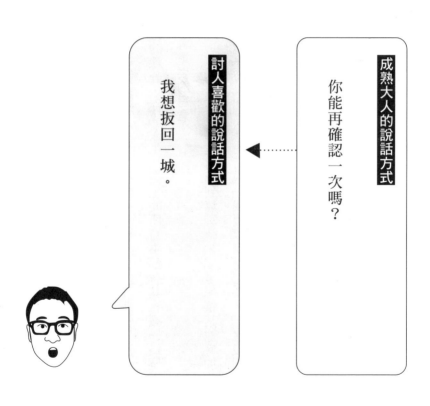

明明還沒和對方約好，但對方卻以為已經確定了，而且偏偏對方又覺得「被放鴿子了」，他沒有發現事實上「這個約是還沒確定好的」，就變成自己要去跟對方道歉，遇到這種不合理的事時，你會怎麼處理呢？

此時**很容易就會想證明自己是對的**，而請問對方「我找不到我們確定約好了的信件，你能不能再寄一次給我確認呢？」。如果雙方很熟的話，這麼做或許還可以，可是這樣就變成給對方難看，如果是工作上的客戶的話，還有可能導致商談破局，人生並不是淘汰賽，而是循環賽，並不是一次失敗就結束了，所以可以改變思考模式，**從「明明不是我不對」這種短期的思考模式轉換成「因這次的事件讓未來更好」這種長期的思考模式**，鄭重道歉後跟對方表示「我一定會扳回一城，讓你之後回想起來會認為還好有這次這個事件發生」，然後之後做到連對方都覺得「已經不用再為我做這些事了」為止吧。

CASE
84

被說「不用太仔細也沒關係」時

成熟大人的說話方式

那我就恭敬不如從命了。

討人喜歡的說話方式

我很重視細節呢。

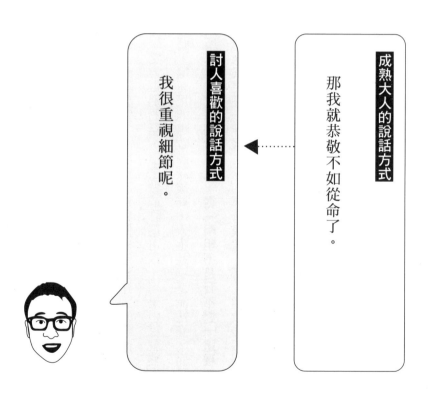

這是某位算命師說的，信不信由你。

「人的運勢是靠出生時間和出生地決定的」，這就是命，可是也有人出生時間和出生地都不好卻也很幸福，據說這些人是因為有個好名字，此外，也有人名字也不好卻很幸福，那是因為那個人有積德（＝做好事），而在這些德當中分數最高的就是**默默做的「陰德」**。

某間飲食店有不少人是騎著腳踏車來的，因此店長突然想到一個主意，他悄悄地幫客人的腳踏車輪胎打氣，不知道是不是因為這樣，那間店的生意突然好了起來。

相反地，讓德一口氣下降的就是暗地裡做壞事的人，**上帝只確認「有沒有遵守交通號誌」**（沒有遵守交通號誌的話，累積的德就歸零），確實會遵守交通號誌的人不會做更壞的事吧。

進屋前會不會將鞋子排好，吃完飯後會不會把椅子歸位，後面有人來時，會不會壓著門等他，**即使沒有人在看，只要能持續做這些小事，就會受到別人信任**。

原諒對方，讚許自己。

Chapter

8

關懷／考量對方心情

人和人的往來不是淘汰賽，而是循環賽，

看的不是一次性的勝敗，

而是靠長期的你來我往才決定了雙方的關係，

正因為如此，更要想想如何選擇才是對彼此的未來都好，

而這樣的心情會在言行舉止中顯現出來。

CASE
85

給對方伴手禮時

成熟大人的說話方式

不知道這合不合你的口味？

討人喜歡的說話方式

這很好吃，大家一起吃吧。

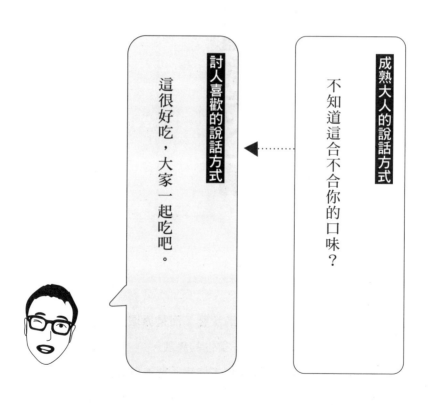

成熟大人們在送伴手禮時，常會在給時邊不好意思地說「不知道這合不合你的口味」「這只是個小東西」，不過我認為既然是特地帶過去的，就信心滿滿地將東西和**「自己的感動」及「故事」一起送上**吧。

「因為之前〇〇〇送我，我覺得非常好吃，所以我希望你也能試試看，就帶來給你了，那之後我查了一下，發現這是這個縣裡最有人氣的店呢。」

這樣傳達後，收到這個禮物的人也會跟他周遭的人說：「這是△△△給我的，非常好吃喔。」「欸，真的啊。」這樣就會**變成一個話題傳開**，我很建議這麼做。

不過比起帶什麼伴手禮去，帶伴手禮這個行為本身更重要。

怎麼說呢？**因為伴手禮是展現「我非常重視你喔」的方法之一**。

人際關係長期交往下去的話，會漸漸看到對方令人討厭的一面。

這和個性或磁場無關，問題是出在「太親近了」上。

送伴手禮可以把雙方拉回剛剛好的距離。

CASE

86

跟對方說祝福的話語時

成熟大人的說話方式

恭喜！

討人喜歡的說話方式

我把這件事告訴○○先生／小姐，他也說「恭喜」喔。

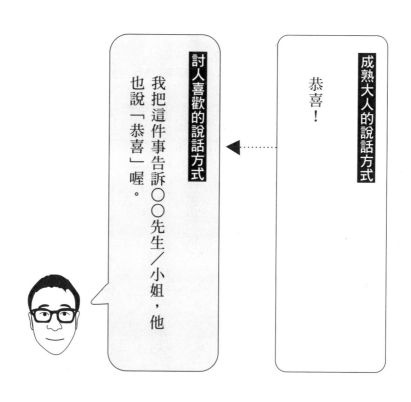

當某人達成某個目標時散發出來的光芒是在**人生當中最美的風景之一**。因此不要只說個表面上的「恭喜」，要傳達出更能貼近對方內心的「恭喜」。

我建議可以說「〇〇先生也說『這真的是創舉』」「這件事〇〇小姐也有提到喔」「〇〇先生也很感動喔」，**把對方聽到也會開心的第三者的讚賞傳達給對方知道，增加訊息的臨場感**。

或是你也可以跟對方說自己的身體反應：「我全身都起雞皮疙瘩了」「我百感交集」「我都忘了呼吸」「那讓我眼睛都捨不得眨一下」，傳達這些身體上的反應也能讓對方留下印象。

又或是可以**將聽到那件事後到接受為止的這段期間的感動如實傳達給對方知道**，「乍聽到這個消息時，只覺得太厲害了，還不知該如何反應，過了一會兒，才意識到『欸欸，那是件很不得了的事啊』。」「我聽到消息時就覺得『太棒了』，不過要睡覺時發現自己笑個不停，或許我那時才意識到這個事實確實發生了，真的，太恭喜你了！」你能這樣仔細地表達你的喜悅的話，對方一定也會非常開心。

CASE
87

對話沉默進行不下去時

成熟大人的說話方式

差不多該結束了吧。

討人喜歡的說話方式

……♪

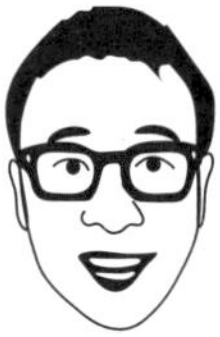

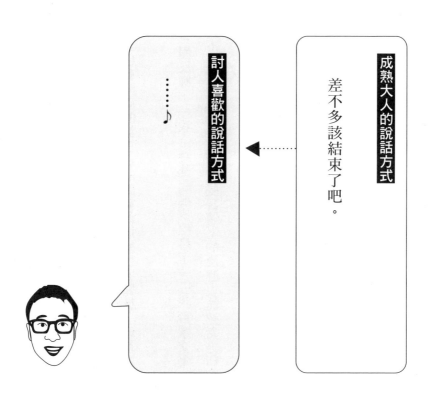

很愛說話的人並非就是溝通高手。

有些人會在對話停止時趕緊說些無關緊要的話，這些人通常在溝通上有些恐懼，就是他們**害怕對話中的沉默**。

也有些人在話題無法繼續下去時，就迅速結束那個聚會。

不過有時要有勇氣保持沉默，不用馬上接話。

沉默就是思考時間，因為安靜一段時間後，說不定對方會講出非常重要的事情。

為了不要錯過重要的事，在全場一片靜默時，也不用心急該怎麼辦、該怎麼辦。

以前有人告訴過我**「沉默的時間是自己和對方間有天使經過的時間」**。

自從我聽到這句話後，每當對話陷入沉默時，**我就想像那裡有看不見的天使經過**，這樣就比較輕鬆了。

我們在每個瞬間都能開始嶄新的現狀，從緊張感當中釋放出來，下個瞬間就可恣意地開啟對話。

CASE

88

團隊夥伴持續遇到不順遂的事時

成熟大人的說話方式

很想趕快解決吧。

討人喜歡的說話方式

去廟裡拜拜吧。（笑）

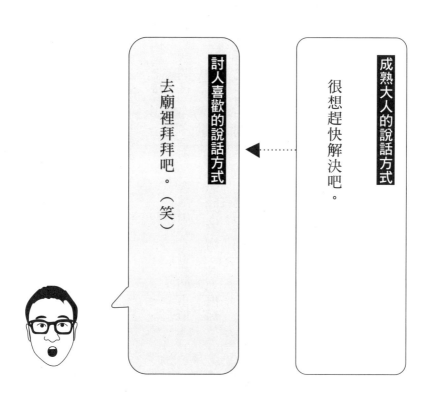

你的認知是什麼，這個世間看起來就是什麼。

你怎麼解讀，看起來就像那個樣子，因此**即使被你解讀為不幸的事，也並非就真的是不幸**。

今天又因為火車誤點，害我赴約遲到了，為什麼我運氣這麼不好，假設你這麼覺得好了。

此時，你可能認為「火車誤點好幾次是件運氣不好的事」，可是如果認為**「是自己刻意選擇遲到的」**，又可以怎麼解讀呢？這麼問問自己也不錯，說不定你就不會認為自己是不幸的了。

如果即使這樣，不幸還是持續著呢？我建議你可以去廟裡拜拜，你有去過嗎？會讓人神清氣爽喔！我覺得這是個很容易地就能切斷負面連鎖效應的好方法，所以我順勢推薦給大家，神社是個很舒服的地方，美國原住民的靈性秘境聖多納（Sedona）也是個舒服的地方。

運氣會聚集在舒適的地方，不管是玄關還是房間裡，或是桌上，只要整理得乾淨整潔，就會是個舒服的地方，那裡就會變成個能量景點。

CASE

89

對方很緊張時

成熟大人的說話方式

不用緊張啦。

討人喜歡的說話方式

是我讓你緊張的嗎？

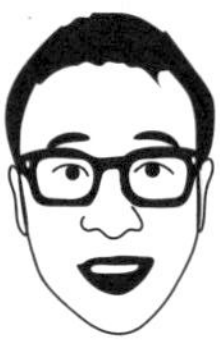

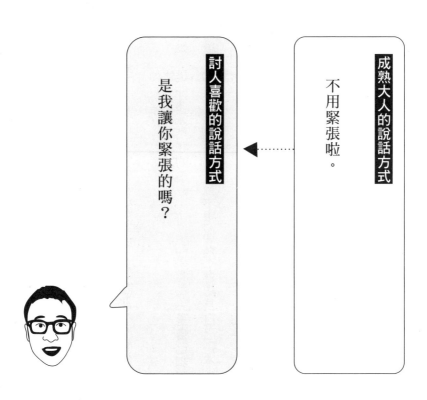

假設因為年齡差距或立場不同讓眼前的人態度不自然。對方很緊張，導致對話無法順利展開。對方或許是話不多，或許是講得太快變得支離破碎，或者是想要讓自己看起來比較重要，所以太用力說話。

像這種時候，即使你想設法讓他放鬆心情而說「你是不是很緊張？」「不用那麼緊張喔。」「我們輕鬆聊吧。」也大多只會造成反效果。

為了消除對方的緊張，可以先跟對方說句：「我讓你很緊張吧？不好意思呢。」

對方會緊張是因「想給人留下好印象」這情緒而產生的，因此你**可以說些讚許對方的話**，例如：「這衣服是你自己挑的嗎？」「你指甲很有特色呢。」「你體格真好，不愧是練橄欖球的人。」

還有在道別時可跟對方說：「你未來出名了的話，要記得跟大家說『今天的對話是契機』喔，你沒那麼說的話，我會跟周遭的人說『那個孩子真的變了』喔。」博得大家哄堂大笑，能這樣的話，**你說的那些話將會成為對方的明燈**，清楚照亮對方的未來。

CASE
90

知道只有自己沒被邀請時

成熟大人的說話方式

大家看起來都很開心啊。

討人喜歡的說話方式

方便的話下次找我幫忙啊。

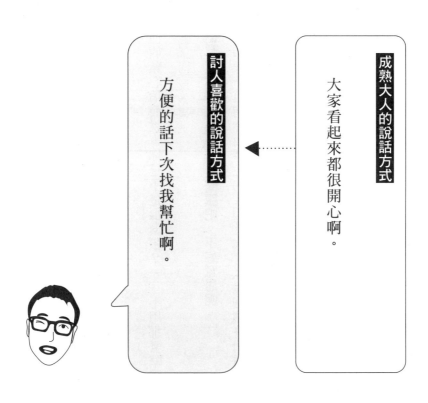

怎麼除了我之外，大家都參加了那個聚會啊，昨天他們碰到我時明明什麼都沒提，真希望他們能邀我啊，現今盛行在社群網站上交流，就會增加「事後不小心知道了」的機會。不過想想真的很不可思議，我們都有**「和大家一起比較好」的歸屬意識**，可是如果一直在一起的話，又會漸漸出現「討厭在一起」「每次都要露臉好麻煩」的想法，而認為**「只有自己比較特別才好」**，然後一變特別就會漸漸變孤單，因為和大家疏離，又會回到還是「和大家一起比較好」的想法。**想和大家連結，又想變特別，心情就在這之間起伏不定，而能讓這兩個價值觀取得平衡的就是「想對別人有幫助」這種貢獻的價值觀**。

例如可以這樣跟別人提提看，「星期日大家有去烤肉對吧？」「啊！對啊對啊！本來有想約你的，下次一定……」「啊，也不是那樣啦，是因為我買了新的烤肉用具都還沒用，所以**下次如果你們用具不夠可以跟我說喔**。」這麼跟別人提議後，自己的心也會比較平靜。而如果對方是比較熟的人就可以直接表達出「不給別人造成壓力的嫉妒心」，例如可說：「下次你沒叫我的話，我會嫉妒喔～」

CASE

91

對方感到不安時

成熟大人的說話方式

你很擔心吧。

討人喜歡的說話方式

這樣可以讓自己成長呢。

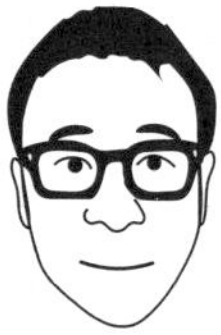

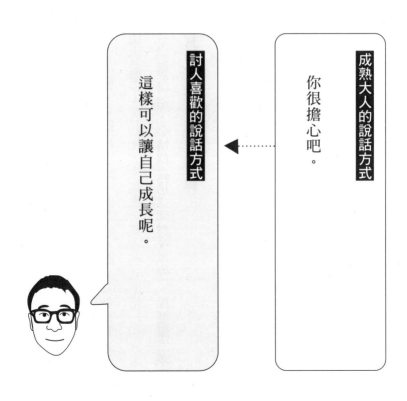

人類還有一個會動搖的價值觀，那就是「變化」與「安穩」。

工作上或私人生活上都很順利，持續這種安穩的生活後，我們就會開始覺得無聊，想要追求變化。

就會開始想要改變一下做法、換一個環境、挑戰沒做過的事。

一想要變化，就等於**營造出不安穩的狀況**。

如此一來有可能失去重要的東西，有可能無法恢復原狀，有可能無法失而復得，這種「對未來感到不安」的感覺擴大後，又開始想要怎麼解決，於是又換個想法，想要追求「安穩」。

就像這樣，我們的價值觀在潛意識當中，在「想穩定」「想冒險」當中遊走。

而能讓這搖擺的價值觀取得平衡的就是「想要成長」的這項價值觀，以「成長」為主軸，行為就不會搖擺不定，雖然無法保證一定會成功，不過能百分之百保證能夠成長，然後，**在成長的延長線上百分之百會出現的就是成功**。

CASE

92

當對方看輕他自己時

成熟大人的說話方式

沒那回事啦。

討人喜歡的說話方式

你老家在哪裡？那裡是個很棒的地方呢。

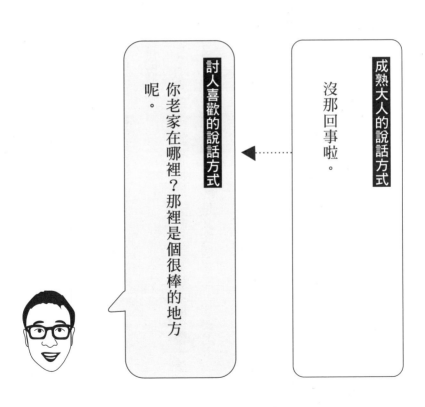

「我真是個沒用的人」這句話裡隱藏著**「我希望獲得認同」的心情**，所以不管我們怎麼鼓勵那些看不起自己的人，不管怎麼給他們建議，都沒什麼效果。

因為要轉為肯定很困難，所以轉換話題吧，像是：「欸？之前好像沒問過你吧？」

例如突然換成「聽說你會做料理吧？」這樣的話題，如果他回：「會做啊，雖然是只會做一些男人做的簡單料理。」就能再回：「現在喜歡做料理的男性好像增加了呢。」

問了對方的老家後就可以說：「那裡是個很棒的地方呢。」聽了對方說他父母親的事後就回答：「真是很棒的父母呢。」

我建議大家如果找不到話題的話，就換成**興趣或老家或雙親的話題**，然後給予高度評價，因為在這幾個話題上，沒有人被誇讚後會不開心的。

就像這樣，從完全不同的角度來肯定對方的存在，提高對方對他自己的自我評價，像空手道一樣不要從正面迎擊，稍微往旁閃一下，從別的角度突然回擊，對方也會突然看到光明的地方。

CASE

93

受到對方不禮貌的對待時

成熟大人的說話方式

太離譜了。

討人喜歡的說話方式

祝福你身體健康。

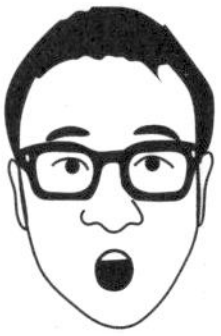

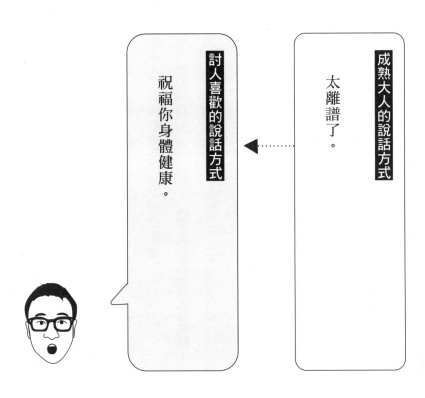

在還沒什麼社會經驗時，只要對方一對自己不禮貌，就一個勁地沮喪。

不過人都會一點一點累積人生經驗，於是變得會表達憤怒、說出自己的想法或回嘴。

人生經驗再多累積一些後，即便感到生氣，也能夠保持沉默，即使有想要說的話，也能夠埋藏在心裡。

以上被認為是成熟大人該有的應對方式。

之後再累積更多的人生經驗後，不管別人多惹怒自己，也就只會祝福對方身體健康了。

即使對方對自己說出不禮貌的話，或是在排隊時被插隊，都會在心裡合掌祝福「請你好好照顧身體」「祝福這個人身體健康」。

自己心情不好是因為自己心中分泌出不健康的壓力賀爾蒙，生氣或沉默都只會讓壓力賀爾蒙增加而已，所以就**祝福那個人身體健康吧**，有人告訴我大腦不會認知「主詞」，祈求某個人健康，也等於祈求自己的健康，這樣可以阻斷憤怒的連鎖效應，**轉成幸福的連鎖效應**。

CASE

94

陷入危機時

成熟大人的說話方式

糟糕！該怎麼辦！

討人喜歡的說話方式

危機、危機、轉機、轉機、啦啦啦♪

（配上童謠《下雨歌》的曲調）

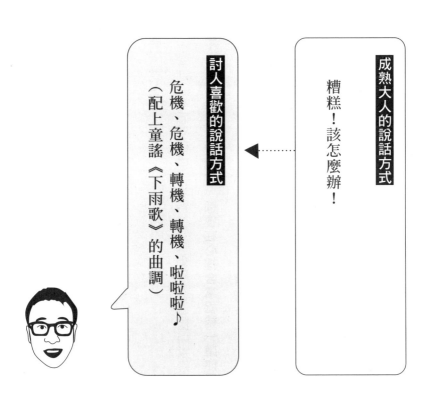

被危機追著跑時，要怎麼應付比較好呢？

首先就是不要讓狀況變得更糟，因為越糟越難解決，沮喪的心情是無法讓現實好轉的，**如果想不到解決方法的話，先想辦法讓心情振奮起來**，之後想像這個問題解決後將會是多舒爽，在這樣的心理狀態下思考解決方式的話，意外地會很順利。

以前發生過這麼一件事，工作上被捲入自己解決不了的大問題，我馬上打電話給主管跟他報告：「糟糕了！實際上……」他一聽馬上說：「等一下！」又接著說：「在跟我報告那個危機前，先唱一下這首歌。」即使困惑的我強調：「不是啊，不好意思，真的是很糟糕。」他還是說：「別說那麼多了，唱唱看。」並唱出：**「危機、危機、轉機、轉機、啦啦啦♪」**即使我哀求：「不不，現在真的不是能開玩笑的時候。」他還是不理我：「就是唱就對了！這樣能讓心情開朗起來。」沒辦法我只好唱了，一剛開始只是小小聲地唱唱看，我覺得很不可思議，第二次唱得比較大聲，然後**心情真的變開朗，而看到光明的未來了**。

CASE

95

想改變話題時

成熟大人的說話方式

我可以改變話題嗎？

討人喜歡的說話方式

我突然想到，你會做〇〇嗎？

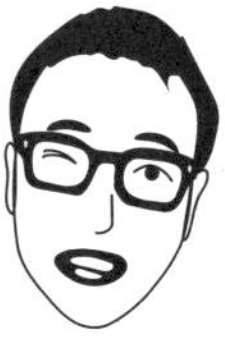

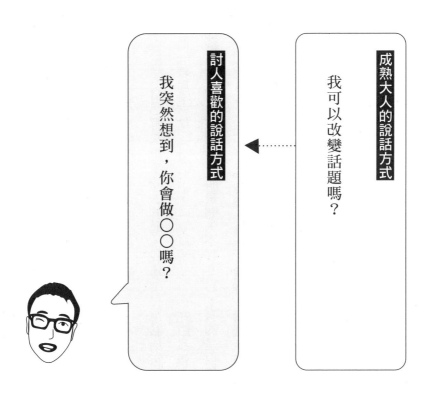

當對方不斷講著自己不太懂的話題、陰沉的話題、沒有結論的話題、自己不想聽的話題時，要怎麼做比較好呢？

我建議你可以出其不意地**改變話題**，例如突然問：「話說你會去旅行嗎？」這樣做沒問題嗎？沒問題的，對方一剛開始可能會感到困惑，不過只要暫時繼續同一個話題：「國內旅行嗎？」「最近有去哪裡旅行嗎？」「你家人也喜歡旅行嗎？」對方也會被吸入這個話題，只要沒什麼特殊狀況發生，他也不會想再回到原來那個話題了。

為什麼呢？**因為人類有「想要持續剛才的行動、思考」的習性**。

我在小學時就發現了這件事，當時我超喜歡《八點了喔！全員集合》這個節目，這是個有The Drifters（譯者註：一九五六年成團的日本樂團兼短劇團體）出場的電視節目，我再怎麼樣都想看他們的這個節目，可是又有當天非完成不可的功課，沒辦法我只好在廣告時寫功課，於是發現了一件事，就是「天啊，不知不覺間我竟然沒想看那個節目，而比較想寫功課」，那瞬間我領悟到人的意識就像是電視有頻道一樣，**也有自己的頻道**。

CASE

96

想對對方表達尊敬之意時

成熟大人的說話方式

你真的好厲害喔。

討人喜歡的說話方式

你聽我說，這個人真的是個很厲害的人喔。

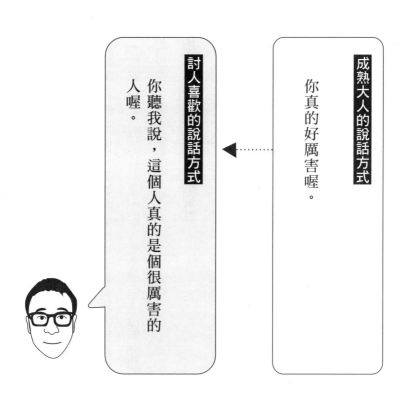

即使直接跟那個人說你好棒，對方也只會謙虛地說：「少來啦，你總是那麼會誇我。」這樣無法傳達出自己的感想，那要怎麼樣才能把自己的心意百分之百傳達給對方知道呢？首先，可先**將那個人的好風評講給其他人聽**，然後再回來跟對方說：「○○先生／小姐說你做了這些事很厲害。」間接傳達，這樣就能將心意百分之百傳給對方。**若要在背後說別人的傳言的話，就說些好話吧**，這會像定時炸彈般，一段時間後就會爆炸，然後將無上的幸福傳遞給當事者知道，可是，困難點是那些好話大多無法傳到本人耳中，因此，我來介紹一個請大家務必試試的方法。

將你想要誇讚的A介紹給朋友B，你在A旁邊向B這麼介紹：「B，今天要介紹給你的A是……」，接著再直率地誇讚：「這位A啊，是在我人生中遇到的人當中真的是很稀有的人才，我沒看過品味這麼高的人。」如此一來A會露出害羞的欣喜之色說：「你這麼誇我讓我很不好意思。」此時A的自我評價就增加了。

還有一個進階版，就是把和A一起拍的照片上傳社群網站，然後加上「這個A很厲害～～」這種誇讚他的貼文，就能百分之百傳達出你的心意。

CASE

97

想活絡人際關係時

成熟大人的說話方式

要不要一起去吃飯呢？

討人喜歡的說話方式

要不要在我家開火鍋派對呢？

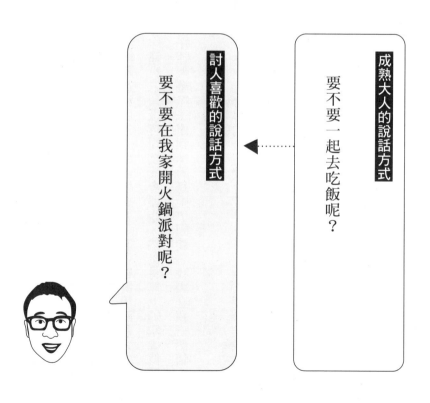

將吃飯、看電影、看運動賽事這些一個人或少人數就可做的事刻意**「辦成活動」**，吆喝大家一起參加如何呢？

實體聚會也行、線上聚會也行，只要掛上「○○讀書會」「○○活動」「○○派對」等名義，就能變成召集同伴的契機，例如本來預定回家自己一個人看電影，只要吆喝大家「今天在我家辦電影欣賞會」，就會變成一個活動，把「要不要一起吃晚餐？」改個說法變成「要不要一起開火鍋派對？」就會變得很熱鬧，在家工作時也是，只要說「現在我把工作的房間透過視訊會議公開」，召集人參加的話，就能**營造出聚集在某個人家做專案的氛圍**。

最近都沒見面的人，或是那些想著「要趕快找機會聚聚」的人，也趁這個機會邀他們吧，邀朋友後，朋友也會想「那我也可以邀邀看嗎？」或許就能變成一股風潮，不同團體的人們若能聚集變成個熱絡的場面是多麼有趣啊，**每提供一個見面的機會，以你為中心的交友圈就形成了**，意料之外的人產生連結或是有情侶誕生，這個交友圈就又更擴大了。

CASE

98

想給努力的人鼓勵時

成熟大人的說話方式

你很努力呢。

討人喜歡的說話方式

一定會有好成果出現的。

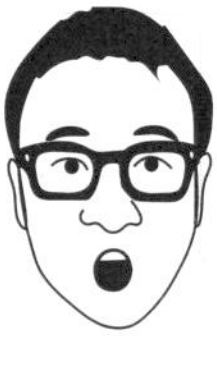

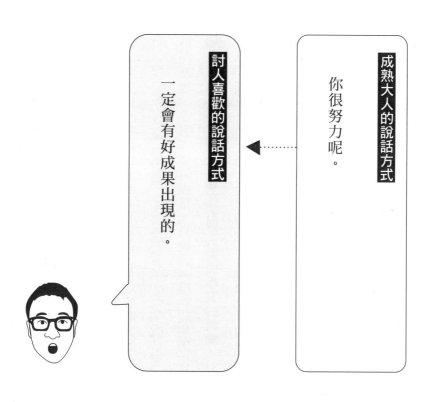

每個人都會對未來感到不安。

接到一個新的工作，認真專心做某件事，努力念書，要怎麼做才能對這些人表達「我替你加油的心情」呢？

認真努力的人最美，可是，**越是認真越會懷疑起自己目標訂得是否正確，或是自己是否有能力達到這個目標**。

「這樣努力真的沒問題嗎？」「為什麼我無法再更努力呢？」有人會有這樣的煩惱，如此一來，對他說的那聲「加油」，對他而言也只是一個虛無飄渺的聲音而已。

我建議可以說些像**「未來一定會有好成果出現吧」**這種正向積極的推測說法，請以說中未來的厲害算命師自居，因為**靠推測說出的那些很棒的鼓勵話語對對方而言會是個很大的動力能源**，即使沒有突破他的心防，他也會隨時想起你說的話，在深層意識當中慢慢地接近你說的結果。

CASE

99

想表達平時的感謝之意

成熟大人的說話方式

我一直都很感謝你。

討人喜歡的說話方式

我將我平日的感謝化為實體了。

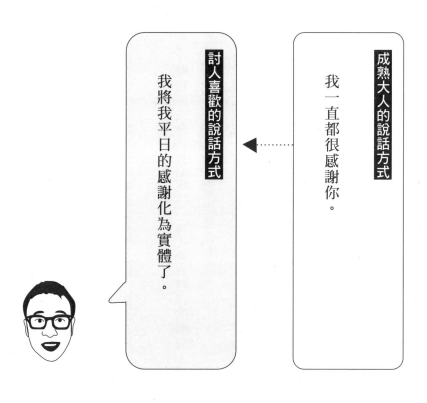

據說無論在哪個領域上，那些可謂成功人士的人大多是「喜歡送禮的人」。

這些人在對方的生日或耶誕節不用說一定會送禮，除此之外即使不是什麼特別日子，只要隨時看到不錯的東西就會想到「那個人一定會喜歡這個東西，我買給他吧」，毫不猶豫地就買了東西，**順勢送禮**。

我認為變成那樣的人很好。

雖這麼說，不過也有人不好意思拿禮物給身邊很熟的人吧，即使如此，要是什麼都沒說只是默默地把東西遞出去的話，就會變成「欸？這是什麼？」「沒什麼啦。」「真的嗎？」，會被對方誤會為好像有什麼企圖。

因此，不如**刻意直接誇大其辭地說：「我將我平日的感謝化為實體了。」**都這麼直接告訴他了，他應該不會再心生警戒了吧，而且會認為你很幽默而笑了出來。

如果很煩惱不知道可送什麼禮物的話，送些和工作有關的備品或是消耗品，或是**手機充電器、充電線等智慧型手機用品，或是紙膠帶、便利貼、筆等文具用品**，這些東西應該就不挑人，大家收到都會很高興吧。

特別的事輕易就會發生。

Epilogue

後記

我出生於三重一個超級鄉下的地方。

從托兒所到小學六年級都只有一個班級。

一直以來的好朋友群就是谷口、溝口和我（山﨑）。

我就是在這個沒體驗過換班級的小村裡長大的。

但進入中學後情況突然改變了。

班級一口氣增加到四個，我第一次遇到了「時尚的同學」。

他們知道「讓襪子不滑落的膠水」「衣服除塵刷」「All Night-NIPPON（譯者註：一九六七年十月二日開播的長壽深夜廣播節目）」「荒井由實」「Snakeman show」（譯者註：一九七五年由桑原茂一與小林克也組成的團體）等我沒聽過的耀眼精采世界的資訊。

我覺得理所當然地體驗著那些耀眼精采世界的他們比我過著更先進的生活，他們永遠是班上的中心人物，是大家心生羨慕的對象。

他們有新的資訊，要怎麼樣才能變得像他們那樣？

仔細思考後，發現他們有個很單純的共通點。

他們都有哥哥或姊姊，他們從住在東京或大阪的哥哥或姊姊那裡吸取到很多耀眼精采的資訊。

我就是在那時發現到一件事的，只要待在有耀眼精采資訊的人的旁邊的話，自己就能變得很耀眼的。

進入高中後，我又遇到田貴這個時尚的同學了。

由於田貴實在太時尚了，讓人覺得待在他旁邊的自己太土了，不知道是不是因為這樣，其他同學都和田貴保持距離。

可是我對田貴很好奇，我很積極地和他講話、聊天。

我問：「你為什麼那麼時尚？」他告訴我：「因為我有在看《POPEYE》這本雜誌。」之前不知道《POPEYE》的我認為那就是田貴時尚的祕密，只要閱讀那本雜誌，我也能像田貴那麼時尚，於是我立即買了《POPEYE》並閱讀起來。

可是好奇怪喔，即使看了《POPEYE》，也沒任何資訊輸入腦子裡，《POPEYE》的世界離我太遠了，我完全不懂那箇中醍醐味。

買再多也只是堆在那裡占位子而已，上個月的還沒看完就又買了這個月的，未開封的

《POPEYE》堆積如山，我漸漸地厭惡起看到那疊雜誌。

即使如此，我還是每天和田貴聊天，一起回家一起去玩。

然後某天我發高燒請假在家休息。

那時我已經完全忘記《POPEYE》的存在了。

在家也沒別的事可做，因為實在太無聊了，就隨意拿起一本放在旁邊的《POPEYE》來看，剛開始只是翻閱照片而已，不久後突然看到一則吸引我的文章，我就一字一句看下去。

好奇怪。

我看得懂《POPEYE》。

就好像「某天突然聽得懂英文」這樣的感覺，從田貴那裡不經意地吸收到的資訊這時在腦中全都連結起來了。

在那之後，我就以「想受歡迎」「想學習」的姿態，開始接觸很耀眼的人。

只要聽到「看到 Swatch 就該買」「之後 Ken Done 這位澳洲藝術家會受矚目喔」，即使不了解「那是什麼？」，也馬上就去找 Ken Done 的畫，或是去買 Swatch。

或是一聽到「和別人聯絡的主要方法是Email」「Twitter很有趣喔」「接下來是Tik Tok的時代」，我就會馬上去了解並試試，結果半年後真的流行起來了。

不知不覺間周遭的人就會跟我說：「阿拓總是知道新事物呢。」「阿拓說的事物不久後都會流行呢。」

很耀眼的人擁有的耀眼精采的資訊很寶貴。

可是我認為不管是誰，在他的世界觀裡都有他獨有的耀眼精采的資訊。

並不是說某些人才特別擁有很特殊的資訊。

這是為什麼我會認為「無論和誰都要真心誠意地對待相處」。

所以我對邂逅的所有人都抱持著高度興趣。

抱持著這樣的心情和各式各樣的人接觸後，意想不到的人會告訴我很特別的資訊，為人生增添很多樂趣。

無論是商業上或是遊玩上或是生活上都一樣。

一剛開始被冷嘲熱諷「那是什麼？」的人，總是能開拓出一個領域，當初冷嘲熱諷的那些人終究無法望其項背。

正因為如此，無論面對誰都要想著或許會和這個人往來一輩子，要真心誠意地相處。總是抱持著「請告訴我！」的姿態詢問並聆聽，如果有人推薦自己做什麼嘗試，就直率地說「我會做做看！」並嘗試看看，如果結果順利的話，就直接跟他說：「託你的福讓事情進行得很順利！」或是在態度上表現出興奮的心情。

你高興的話，對方也肯定會很高興，而且他也會為了想討你歡心，而介紹更多的資訊、知識或人脈給你。

為了欣喜迎接不知道何時會遇到的夢幻機會。

如果「討人喜歡的說話方式」能作為一個工具，對你的人生有幫助的話，我就覺得很欣慰。

討人喜歡的人有三個特徵

1 馬上就會喜歡別人。

2 對別人的好意給出很大的回應。

3 即使沒見到對方，也祈禱對方能夠成功。

把人生當作一場野餐吧

山﨑拓巳◎著
周若珍◎譯

任何事情找到出口，才可以解決問題！
這是一本為你的情緒、工作、生活找出口的書，
49 個奇妙魔法，讓你成為比昨天更好的人！

雙眼失去光芒，說話有氣無力，逃避人際關係？
你是誰？你想追求什麼？問問自己，到底怎麼了？
在筋疲力盡，空虛枯竭之前，試著把人生當作一場野餐，
隨時充滿幹勁的實踐家山 拓巳教你尋找快樂，當自己的生命設計師！

◎《把人生當作一場野餐吧》使用法：
1. 每天練習一個魔法，49 天後你會發現改變好驚人。
2. 每個方法最後的練習題一定要寫，長短不拘，白天晚上寫都沒關係。
3. 每個星期重新再翻閱之前寫過的練習題，試著與朋友分享。
4. 用本書開啟讀書討論會，小團隊互相討論，一起成長。

改變現在的自己：用56種方法擺脫被性格掌控的命運

山﨑拓巳◎著
陳惠莉◎譯

你想成為特別的存在，想過和別人不一樣的生活，
但是無可救藥的個性，始終是個絆腳石……
只要閱讀本書就可以扭轉自我形象，瞬間感覺自己從頭到腳脫胎換骨！

老是空想而沒有採取行動、老是想著負面的事情；
老是為芝麻小事鬱鬱寡歡、經常無法控制怒氣；
如果你開始討厭自己了，學著讓自己改頭換面吧！

對「現在的自己」感到厭煩→從目錄找改變方法
◎無法和價值觀不合的人和睦相處→ P48 別用自己的標準來衡量別人。
◎機會上門時，很難坦率地接受→ P71 產生應該退卻的念頭時，唸誦「好事乍然而現」的咒語。
◎遭遇失敗時，總是焦慮不安→ P95 承認自己的失誤，然後開始面對新的現實。

一個人的充電時間：打開你的動力開關

山﨑拓巳◎著
張智淵◎譯

將昨天的動力，獻給今天提不起勁的你
只要打開這 34 個燃燒鬥志的「動力開關」，
你會發現令人雀躍的事情，無所不在！

想要把事做好的決心，總是被周圍的雜事左右！
為什麼昨天的活力與幹勁，今天卻消失無蹤？
這次山 拓巳要告訴你，開啟「動力」源源不絕的方法！
1. 心煩意亂時，在紙上寫下令你憂慮的事。
2. 諸事不順時，對自己說：「開～玩笑的啦」「一切都進展順利。」
3. 脫離舒適圈，一頭栽進偶像的群體圈！

一天擁有一段屬於自己的充電時間，
就能以最小的努力，獲得你渴望的成果。

【延伸閱讀】

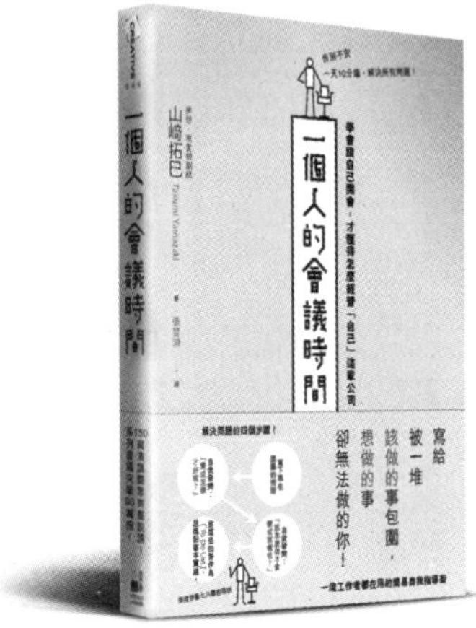

一個人的會議時間：學會跟自己開會，才懂得怎麼經營「自己」這家公司

山崎拓巳◎著
張智淵◎譯

你一直處於「莫名」之中，整天在公司感覺瞎忙，瞎忙，瞎忙。
你無法集中精神，迷失了想集中精神的目標？
一天只要 10 分鐘，告別不安、瞎忙的人生。

要專注力，沒有專注力；要點子，沒有新點子，
原因很簡單，因為你太輕忽與放任一個人的時間了！
現在試著做做看：
1. 學會跟自己報告近況。
2.To Do 清單就是自己的夢想清單。
3. 轉換問自己的方式：變成怎樣才好→怎麼做才好呢？

來！一面跟自己開會，一面傾聽自己的心聲。
Enjoy Yourself ！

Creative 185

這樣說話讓你喜歡自己，也受人歡迎

作　　者｜山﨑拓巳
譯　　者｜林佳翰
出 版 者｜大田出版有限公司
台北市一〇四四五 中山北路二段二十六巷二號二樓
E-mail｜titan@morningstar.com.tw http://www.titan3.com.tw
編輯部專線｜（02）2562-1383 傳真：（02）2581-8761

總 編 輯｜莊培園
副總編輯｜蔡鳳儀
行政編輯｜楊雅涵／鄭鈺澐
校　　對｜黃素芬／林佳翰
內頁美術｜陳柔含

初　　刷｜二〇二三（民112）年三月一日　定價：三六〇元

網路書店｜http://www.morningstar.com.tw（晨星網路書店）
TEL:（04）23595819 FAX:（04）23595493
購書Email｜service@morningstar.com.tw
郵政劃撥｜15060393（知己圖書股份有限公司）
印　　刷｜上好印刷股份有限公司
國際書碼｜978-986-179-789-2 CIP:192.32/111020583

填回函雙重禮
① 立即送購書優惠券
② 抽獎小禮物

國家圖書館出版品預行編目資料

這樣說話讓你喜歡自己，也受人歡迎／山﨑拓巳著；林佳翰譯．——初版——台北市：大田，2023.03
面；公分．——（Creative；185）
ISBN 978-986-179-789-2（平裝）
192.32　　111020583